HÖRE UND LEBE

COLIN URQUHART

HÖRE
UND
LEBE

Die Bibel im Gebet

Zapf & Hofmann
Landstuhl

Titel der Originalausgabe:
Listen and Live
Using the Bible in prayer
© 1987 by Colin Urquhart
Published by Hodder & Stoughton
47, Bedford Square
London WC1 B3DP

4. Auflage 1997
© der deutschen Ausgabe 1990 by
Zapf & Hofmann, Landstuhl

ISBN 3-9802687-0-5

Übersetzung: Susanne Zapf
Umschlaggestaltung: Rüdiger Hofmann
Druck: Druckhaus Gummersbach

INHALT

Einleitung — 9
Höre und lebe — 10
Gliederung — 16

TEIL 1
NACHFOLGE

1. Der Gott der Liebe — 18
2. Der Vater — 20
3. Kinder Gottes — 22
4. Dir ist vergeben — 24
5. Gemeinschaft mit Gott — 26

TEIL 2
DEIN HERR UND DEIN GOTT

6. Ich bin dein Schöpfer — 30
7. Ich bin bei dir — 34
8. Ich bin dein Erlöser — 38
9. Ich bin der Herr — 40
10. Ich bin das Licht der Welt — 44
11. Ich bin der Weg, die Wahrheit und das Leben — 46
12. Ich bin das Brot des Lebens — 48
13. Ich bin der gute Hirte — 50
14. Ich bin die Auferstehung und das Leben — 52

TEIL 3
DEIN LEBEN IN CHRISTUS

15. Sieh dich selbst in Christus — 56
16. Dein Erbe in Christus — 58
17. Nimm dein Erbe im Glauben an — 60
18. Höre und glaube — 62
19. Die Wahrheit über dich selbst — 64
20. Glauben bekennen — 66
21. Gefühl oder Wahrheit — 70
22. Freiheit in Christus — 72
23. Keine Verdammnis — 74
24. Die Wahrheit in Liebe — 76
25. Ein falscher Käfig — 78
26. Andere ermutigen — 80

TEIL 4
DEIN GLAUBENSLEBEN

27.	Glauben an Gott	84
28.	Zu den Bergen sprechen	86
29.	Glaube, daß du empfangen hast	88
30.	Empfangen	90
31.	Im Glauben handeln	94
32.	Worte des Glaubens sprechen	96
33.	Festhalten	98
34.	Der Herr, dein Arzt	100
35.	Heilung	102
36.	Der Heilige Geist hilft	106
37.	Macht über Satan	108
38.	Mit Lob erfüllt	110
39.	Sieg	112

TEIL 5
DEIN LEBEN IM GEIST

40.	Ein neues Herz	116
41.	Die Rolle des Heiligen Geistes	118
42.	Der Geist in mir	120
43.	Herz, Geist und Leib	122
44.	Liebender Gehorsam	124
45.	Die Frucht des Geistes ist ... Freude	126
46.	Die Frucht des Geistes ist ... Frieden	128
47.	Die Frucht des Geistes ist ... Geduld	130
48.	Die Frucht des Geistes ist ... Freundlichkeit	132
49.	Die Frucht des Geistes ist ... Güte	134
50.	Die Frucht des Geistes ist ... Treue	136
51.	Die Frucht des Geistes ist ... Sanftmut	140
52.	Die Frucht des Geistes ist ... Besonnenheit	142

TEIL 6
DEIN LEBEN IM REICH GOTTES

53.	Das Königreich Gottes	146
54.	Die Vorrechte des Königreiches	148
55.	Die Kraft des Reiches	150
56.	Geben und empfangen	154
57.	Das Maß, mit dem du gibst	158
58.	Das Gebot der Liebe	160
59.	Liebe untereinander	162
60.	Die Liebe des Geistes	164

61. Seine Zeugen 166
62. Einheit 168
63. Verkündige das Reich Gottes 170

TEIL 7
DEIN LEBEN ALS JÜNGER

64. Christus folgen 174
65. Mit Christus gekreuzigt 178
66. Mit Gott einer Meinung sein 182
67. In seinem Namen dienen 186
68. Deine Autorität gebrauchen 188
69. Der Name Jesu 190
70. Ich mache dich stark 194
71. Danken ohne Unterlaß 198

TEIL 8
DEIN LEBEN IN HEILIGKEIT UND HERRLICHKEIT

72. Ich bin heilig 202
73. Ich habe Weisheit 206
74. Leben wie Jesus 210
75. Die offene Tür 214
76. Vertrauen zu Gott 218
77. Die Herrlichkeit des Herrn 222
78. Vorwärts 226

EINLEITUNG

Endlich! Ich habe mein Versprechen erfüllt! Vor einigen Jahren schrieb ich in einer Fußnote in meinem Buch "Bitte und empfange", daß die Gebetsgrundsätze, auf die ich mich bezog, bald unter dem Titel "Listen and Live" (Höre und lebe) veröffentlicht würden. Seitdem flatterten mir immer wieder Anfragen nach dem Buch auf den Schreibtisch. Und es war wirklich peinlich für mich, wenn Menschen mich nach öffentlichen Veranstaltungen darauf ansprachen.

Aus diesem Grund bin ich froh und auch erleichtert, daß das Versprechen nun endlich erfüllt ist. Für die Verspätung gibt es einige Gründe. Mein Freund Alan Woodland und ich arbeiteten zusammen, als wir die ursprüngliche Serie von Andachten in den sechziger Jahren als Arbeitsblätter herausbrachten. Diese wurden des öfteren kopiert, doch vor einem Druck wollte ich sie im Ganzen noch einmal durchsehen.

Diese Durchsicht wurde zu einem völligen Neuschreiben, so daß dieses Buch nur noch geringe Ähnlichkeit mit den ursprünglichen Andachten aufweist, obwohl die Gebetsform dieselbe geblieben ist.

Sowohl Alan als auch ich sprechen Jim Wilson und Robert Coulson unseren Dank dafür aus, daß sie uns die Gebetsgrundsätze durch ihr Leben beigebracht haben. Ich möchte auch den Gebetskreisen danken, mit denen ich diese Form des Gebets geteilt habe - in Cheshunt, Letchworth, Luton und in letzter Zeit in der Bethany Fellowship.

Ich bin dem Herrn außerordentlich dankbar für die Kraft, die er meiner Assistentin Angela und meiner Sekretärin Janie gab, damit sie sich der Herausgabe dieses Buches mit soviel Liebe widmen konnten. Mein Dank gilt auch Merion und allen Mitgliedern meiner Hausgemeinschaft für ihre Hilfe und Ermutigung.

Vor allem danke ich unserem himmlischen Vater, der uns im Gebet liebevoll nahe zu sich zieht und der mir meine so liebevolle Frau Caroline zur Seite gestellt hat, die mit im Dienst an seinem Reich steht. Und - es ist fast überflüssig zu betonen - meine Kinder Claire, Clive und Andrea bewiesen die übliche Geduld, wenn ihr Vater damit beschäftigt war zu schreiben, auch wenn er dadurch wenig bei ihnen zu Hause sein konnte.

Ehre sei Gott!

Bibeltexte nach der Übersetzung Martin Luthers, revidierte Fassung 1984, mit Genehmigung der Deutschen Bibelgesellschaft.

HÖRE UND LEBE

Viele Christen hätten gern Antwort auf zwei fundamentale Fragen:
1. Wie kann ich wirksamer beten?
2. Wie kann ich von Gott die Segnungen empfangen, die er verheißt?

Dieses Buch enthält Antworten auf diese Fragen - eine Art zu beten, die sich über Jahre sowohl als kraftvoll als auch als wirksam erwiesen hat. Kraftvoll, denn sie zeigt uns, wie wir mit den Worten Jesu und anderen Worten aus der Schrift beten können. Wirksam, denn Gott wird immer zu seinen eigenen Worten stehen.
Einige nehmen von dieser Form des Gebets Abstand, denn sie glauben, daß Gebet stets spontan sein muß. Andere schätzen vorgeformte Gebete, denn sie fürchten Spontaneität. Dieses Buch wird beiden gerecht. Eine äußere Gliederung wird angeboten, in der für den spontanen Ausdruck viel Raum gegeben ist. Du wirst merken, daß die Methode leicht deinen eigenen Bedürfnissen angepaßt werden kann.
Gleichzeitig sieht diese Gebetsart eine gewisse Disziplin vor, ohne gesetzlich zu sein. Auf diese Weise kannst du Gott im Gebet begegnen, seine Stimme hören und sowohl für dich als auch für andere Gottes Segen empfangen.
Ich habe auf diese Weise mit vielen Gemeindegruppen gebetet aber auch in meinem eigenen geistlichen Leben viel Kraft daraus gewonnen:

1. Sie hat mir geholfen zu begreifen, daß Gottes Worte Geist und Leben enthalten.

2. Ich habe gelernt, wie man dieses Leben durch seine Worte empfängt.

3. Mit Hilfe dieser Art des Gebets ist es jederzeit möglich, Liebe, Freude, Frieden, Kraft, Heilung, Vergebung usw. zu empfangen, mit andern Worten alles, was Jesus uns verspricht.

4. Gottes Kraft und Heilung können auf andere übergehen, indem wir die Heilung, die Gottes Wort verspricht, ergreifen und sie an andere weitergeben.

5. Diese Gebete machten es für mich sehr viel einfacher, Gottes Stimme zu hören.

6. Viele Bibelstellen wurden Teil von mir, so sehr, daß mein Denken und meine Ansichten davon verändert wurden. Mit anderen Worten, wenn du

seine Worte auf diese Weise empfängst, kann es dir helfen, so zu denken, wie Gott denkt, und seine Haltung auch im Alltag zu bewahren.

Während meiner Zeit als Pastor in einer Gemeinde in Luton gab es ungefähr achtzehn Hauskreise, die diese Gebetsform wöchentlich benutzten, einschließlich der Belegschaft des kummunalen Krankenhauses in der Gemeinde. Man nannte sie Gebets- und Heilungskreise, und zahlreiche Menschen erlebten die wunderbare Heilung Gottes durch den Gebetsdienst dieser Gruppen.

Zusätzlich traf sich eine Gruppe, um wöchentlich für die nicht gläubigen Familienmitglieder oder Freunde zu beten, mit erstaunlichen Ergebnissen.

Die meisten von uns verbringen nur eine begrenzte Zeit im Gebet und sind nicht fähig, sich länger zu konzentrieren. Diese Gebetsform kannst du so kurz oder so lang beten, wie du es willst, doch sie wird dir helfen, deine Konzentrationsfähigkeit zu verbessern.

Ein Rat: Es empfiehlt sich, andere Formen des Gebets nicht beizubehalten, während du diese benutzt, es belastest dich nur. Laß die hier Vorgestellte zu einem Rahmen werden, innerhalb dessen du auf Gott hörst, zu ihm betest und seinen Namen preist. Es ist viel wichtiger, daß du in deiner Gebetszeit Gott begegnest, anstatt eine ganze Serie von Gebeten herunterzusagen, weil du es so gewohnt warst.

Laß dir selbst die Freiheit, dich an diesen Gebetsstil zu gewöhnen. Er ist sehr einfach und wird schnell aufhören, nur eine Methode zu sein. Zu Beginn mag er unangenehm erscheinen, weil du immer daran denkst, was als nächstes kommt. Aus diesem Grund haben wir eine Gliederung der Andachten auf einer der nächsten Seiten zusammengestellt. Es mag hilfreich für dich sein, einige Male darauf zurückzugreifen, ehe dir die Reihenfolge vertraut ist.

DIE METHODE

Dieses Buch ist in kleine Abschnitte aufgeteilt, die für jeweils einen Tag gedacht sind. Jeder Abschnitt kann in ungefähr zehn Minuten bearbeitet werden, doch du kannst die Zeit natürlich beliebig ausdehnen. Der Titel gibt das Thema des jeweiligen Abschnitts an.

Vielleicht möchtest du dich lieber jeden Tag mit einem anderen Kapitel befassen, doch du wirst mehr davon haben, wenn du dasselbe Kapitel in einer Woche täglich vornimmst. Du bist dann nicht nur fähig, den Text intensiver aufzunehmen, sondern die Bibelworte werden auch Teil von dir, wenn du dich über eine gewisse Zeit damit beschäftigst. Auch wenn du jeden Tag dasselbe liest, wird die Erfahrung damit jedesmal eine völlig andere sein.

Die Andachten können einzeln oder in Gruppen verwandt werden. Wenn der Kreis sich trifft, kann ein Kapitel besprochen werden. Anschließend sollte sich jeder bis zum nächsten Treffen persönlich mit dem Kapitel beschäftigen,

bis man sich in der Gruppe zum nächsten Abschnitt weitergeht.
Ein solches Treffen braucht keinen ganzen Nachmittag oder Abend zu dauern. Es reicht oft, wenn man sich in der Gruppe eine halbe Stunde zusammensetzt.

DIE HALTUNG

Für verschiedene Gebete sind verschiedene Haltungen angebracht. Da es das Hauptziel dieser Andachten ist, von Gott zu empfangen, ist Sitzen die beste Position. Es ist leichter zu empfangen, wenn man innerlich und äußerlich ruhig ist; doch wenn man sich zu sehr entspannt, schläft man nur allzu leicht ein! Deshalb ist es am besten, einen Stuhl mit Rückenlehne zu benutzen, der jedoch noch bequem ist. Unbequemlichkeit lenkt von der Konzentration ab.

1. Einleitungssatz: Dieser eröffnet das Thema des Kapitels und sollte langsam und mit Bedacht gelesen werden.

2. Kurzgebet: In diesem Gebet bittest du den Herrn, die Gebetszeit mit seiner Gegenwart zu füllen. Natürlich können diese Kurzgebete nach Belieben ausgedehnt werden.

3. Lesung: Sie wird zur Erleichterung vollständig abgedruckt. Die Bibelübersetzung nach Luther wurde dazu verwendet. Lies sie und den erklärenden Text anschließend. Um dich besser konzentrieren zu können, kannst du ihn auch laut lesen, selbst wenn du die Andachten für dich allein machst.

4. Entspannen: Setz dich aufrecht hin mit beiden Beinen auf dem Boden. Laß dich los, indem du deine Muskeln entspannst. Fang bei den Gesichtsmuskeln an und geh dann weiter über Schultern, Arme, Finger, Beine, Füße bis zu den Zehen. Denk daran, es ist einfacher, zu empfangen, wenn du entspannt bist und du wirst dich besser konzentrieren, wenn du nicht durch eine unbequeme Haltung abgelenkt wirst.

5. "Kommt her zu mir ...": Jesus sagte: "**Kommt her zu mir, alle, die ihr mühselig und beladen seid; ich will euch erquicken**" *(Mt 11,28).* Übergib dem Herrn, was dich bedrückt. Bitte ihn, dir die Sünden zu vergeben, derer du dir bewußt bist; gib ihm die Last aller deiner Ängste und Sorgen. Tu es in ungefähr einer Minute, so daß du nicht ins Grübeln über diese Probleme verfällst. Beten heißt nicht, sich hinzusetzen, um über Probleme nachzudenken; es ist eine Begegnung mit Gott.

Es braucht nicht viel Zeit, Gott um Vergebung zu bitten. Doch sei konkret. Vage Gebete erfahren vage Antworten. Konkrete Gebete erfahren konkrete Antworten. Du sollst um Gottes Vergebung für deine konkreten Sünden wissen. Sei dir sicher, daß, wenn du ihm deine Sünden bekennst, er dir vergibt; das ist sein Versprechen.

Du sollst alle Last auf den Herrn werfen. Du brauchst dich nicht in ellenlangen Erklärungen zu ergehen. Sag einfach: "Herr Jesus, ich gebe dir meine Angst vor diesem und jenem. Ich bitte dich darum, daß du mir die Last von dem und dem Problem abnimmst. Ich übergebe dir meine Sorge um dies oder jenes."

Denk daran, wenn Jesus dieses Problem trägt, brauchst du es nicht auch noch zu tragen. Es ist einfach eine Frage der Entscheidung, wer daran trägt.

6. *Vergib anderen:* Jesus legte großen Wert darauf, anderen zu vergeben, wenn man betet. Auf diese Weise staust du keine Abneigung und keinen Ärger in dir auf. "Vergib uns unsere Schulden, wie auch wir vergeben unseren Schuldigern."

Vergeben ist kein Gefühl, es ist eine Willensentscheidung. Du entscheidest dich zu vergeben. Sei sicher, daß du allen vergibst, die dich in irgendeiner Form verletzt oder angegriffen haben.

Jetzt hast du Frieden mit Gott und mit anderen Menschen. Du bist bereit, von ihm zu empfangen.

7. *Meditationssatz:* Gebet ist eher eine Tätigkeit des Geistes als des Verstandes. Du empfängst Gottes Wort mit deinem Geist.

Wiederhole einfach die Bibelstellen langsam, wieder und wieder. Versuche nicht, mit deinem Verstand herauszuarbeiten, was sie bedeuten mögen. Gott spricht seine Worte zu deinem Herzen. Empfange sie. Es sind Worte, die er zu *dir* spricht. Es ist hilfreich, wenn du deinen eigenen Namen in die Sätze einsetzt, es hilft, sie persönlicher zu machen; Gott spricht sein Wort persönlich zu dir: z.B. "Meinen Frieden gebe ich dir, Colin."

Zeitweise wirst du den Eindruck haben, daß nichts passiert; manchmal wirst du die Gegenwart des Herrn spüren, du wirst aufgewühlt sein von der Offenbarung in deinem Herzen, du kannst seine Kraft spüren, wie sie in dir ausgegossen wird.

Ganz allgemein, du wirst seinen Frieden in dir spüren. Doch beurteile das, was passiert, nicht nach Gefühlen. Auch wenn es scheint, daß nichts passiert, kann Gott tief in dir wirken.

Wenn du seine Worte so empfängst, öffnest du dich dem Heiligen Geist und dem Leben, das sie enthalten. Jesus ist das Wort Gottes, und sein Leben empfangen wir durch die Worte der Schrift.

Nimm dir für diesen Teil etwa zwei Minuten lang Zeit. Empfange, indem du den Meditationssatz wiederholst. Diese zwei Minuten können auch auf vier oder fünf ausgedehnt werden. Aber konzentriere dich nicht zu lange darauf. Besser wenige Minuten intensive Konzentration als mehrere Minuten Gedankenspaziergang.

Manchmal kann es sein, daß du in Selbstgespräche verwickelt wirst, und deine Aufmerksamkeit abgelenkt wird. Wenn du dies feststellst, kehre erneut zum Bibelwort zurück. Wenn deine Gedanken spazierengehen, sei weder überrascht noch entsetzt. Komm einfach auf den Meditationssatz zurück in dem Wissen, daß Gott zu dir spricht.

Wenn du das Wort Gottes auf diese Weise empfängst, wirst du es vielleicht erleben, daß dir der Heilige Geist andere Bibelstellen ins Gedächtnis ruft oder sogar prophetisch du dir spricht. Sei nicht überrascht; seine Worte zu empfangen, schärft deine Fähigkeit zu hören, wenn der Herr zu dir spricht. Wenn du ihn durch sein Wort hörst, bist du auch fähig, auf die Stimme seines Geistes zu hören und seine Gaben zu nutzen.

Es werden zwei weitere Bibelstellen angegeben, die zusätzlich zum Meditationssatz genutzt werden können. Sie zu gebrauchen, ist rein freiwillig, doch du kannst einen oder beide lesen, während du den ersten Satz wiederholst, vor allem, wenn du längere Zeit betest. Du brauchst dich nicht gezwungen zu sehen, diese zusätzlichen Stellen zu nehmen, besonders wenn du erst mit dieser Art des Gebets anfängst.

Jesus warnte vor sinnlosem Wiederholen - dem mechanischen Wiederholen von Gebeten, die nicht aus dem Herzen kommen. Bibelstellen in dieser Art zu wiederholen, ist nicht sinnlos, denn sie erlauben Gott, seine Worte in dein Herz zu senken, und du empfängst Wahrheit, Leben, Geist und Heilung in seinen Worten.

8. Gebet für andere: Wenn du die Worte empfangen hast, kannst du sie und das darin enthaltene Leben für andere in Anspruch nehmen. Bring in die Stille der Gegenwart Gottes die Menschen, für die du beten möchtest. Gebrauche weiter den Meditationssatz und füge seinen oder ihren Namen ein: z.B. "Meinen Frieden gebe ich dir, John." Vielleicht hilft es dir, wenn du dir vorstellst, daß diese Person vor dir sitzt und du ihr im Namen Jesu die Hände auflegst, wenn du ihr die Heilung und das Leben seines Wortes zusprichst.

Gelegentlich kann der Heilige Geist dich auch auf ein anderes Bibelwort stoßen, welches für einen bestimmten Menschen in seiner Situation jetzt das Richtige ist.

Danke dem Herrn ungefähr eine halbe Minute lang dafür, was er an diesem Menschen getan hat. Vielleicht nimmst du die Worte Jesu: "**Vater, ich danke dir, daß du mich erhört hast**" *(Joh 11,41-42).* Bete dann für den nächsten Menschen.

Versuche, nicht mehr als sechs bis acht Leute auf deiner Liste zu haben. Es ist besser, wirksam für einige zu beten, statt unwirksam für viele.

9. Lob: Danke dem Herrn für seine Liebe und Gegenwart und lobe ihn eine Zeitlang. Die Bibelstelle soll dir dabei helfen. Füge sie zu deinen eigenen Dankesworten und dem Lob hinzu.

10. Schlußgebet: Das ist ein Gebet der Hingabe an den Herrn, daß du ihm treu und gern dienen willst und seine Gegenwart in deinen Alltag und deine Beziehungen zu anderen mitnimmst. Du kannst das vorgeschlagene Gebet sprechen oder auch ein selbst formuliertes.

Ich habe versucht, die Erklärung dieser Gebetsform so kurz und einfach wie möglich zu halten. Ich habe eine Kassette vorbereitet, die weitere Erläuterungen liefert und die eine der Andachten im zeitlichen Ablauf als Beispiel vorstellt. Diese kannst du für 8,90 DM erhalten bei:

Verlag Zapf & Hofmann
Königsberger Str. 7a
66849 Landstuhl

Möge der Herr dich während deines Gebets reich segnen. Möge er dir in seinem Wort und durch die Kraft seines Geistes begegnen.

Colin Urquhart

GLIEDERUNG

1. Einleitungssatz

2. Kurzgebet

3. Lesung

4. Entspannen

5. "Kommt her zu mir, alle, die ihr mühselig und beladen seid; ich will euch erquicken."

   a) Bekenne dem Herrn deine Sünden
   b) Übergib ihm, was dich bedrückt

6. Vergib anderen

7. Meditationssatz - mehrmals wiederholen

8. Gebet für andere - mit Hilfe des Meditationssatzes

9. Lob

10. Hingabegebet:

    "Herr, ich gebe mich dir hin, mit allem, was ich bin, habe und tue. Wirke durch mich in der Kraft des Heiligen Geistes, damit ich dir in allen Dingen gefalle, und erfülle deine wunderbaren Ziele in meinem Leben. Amen."

TEIL 1

NACHFOLGE

1. DER GOTT DER LIEBE

Laßt uns lieben, denn er hat uns zuerst geliebt. *(1.Joh 4,19)*

Heiliger Geist, bitte zeige mir die Liebe Jesu.

LESUNG: 1. Johannes 4,16-18

Gott ist die Liebe; und wer in der Liebe bleibt, der bleibt in Gott und Gott in ihm. Darin ist die Liebe bei uns vollkommen, daß wir Zuversicht haben am Tag des Gerichts; denn wie er ist, so sind auch wir in dieser Welt. Furcht ist nicht in der Liebe, sondern die vollkommene Liebe treibt die Furcht aus; denn die Furcht rechnet mit Strafe. Wer sich aber fürchtet, der ist nicht vollkommen in der Liebe.

"Gott ist Liebe"; das ist eine Wahrheit, die dir persönlich offenbart werden muß. Dann wirst du wissen: Ja, Gott liebt mich, mich ganz persönlich.

Gottes Liebe ist von ganz besonderer Art; sie gibt sich hin, teilt sich mit, tritt in Beziehungen zu anderen. **Denn also hat Gott die Welt geliebt, daß er seinen eingeborenen Sohn gab, damit alle, die an ihn glauben, nicht verloren werden, sondern das ewige Leben haben** *(Joh 3,16)*.

Aus Liebe gab er seinen Sohn für dich. Aus Liebe will er sich dir jetzt selbst geben. Er liebt dich so sehr, daß er in dir leben möchte, in der Person des Heiligen Geistes. Aus Liebe möchte er deine Gebete beantworten. Er wünscht sich, daß du in der ständigen Gewißheit seiner Liebe lebst, so daß du überzeugt bist: Gott ist bei mir, überall, immer. Anstatt mit dir so umzugehen, wie du es verdienst, ist er bereit, dir zu vergeben und dich mit Barmherzigkeit und Güte zu behandeln.

Der Herr betrachtet dich nicht mit Verurteilung, Kritik und Verdammung. Er klagt dich nicht an oder setzt dich unter Druck. Es ist nicht seine Absicht, dich zu verletzen oder zu zerstören.

In Liebe will er dich ermutigen, dich erfüllen, für dich sorgen. Seine Liebe ist sehr praktisch. Er sitzt nicht auf seinem Thron und sagt: 'Ich liebe dich', während er sich aus deinen Nöten und Lebensumständen heraushält. Nein, er will in jeden Bereich deines Lebens mit einbezogen sein.

Seine Liebe hat ihren Ursprung nicht in Emotionen und hängt nicht von Gefühlen ab; seine Liebe kommt aus dem Geist. Doch seine Liebe berührt unsere Gefühle, und wir brauchen keine Angst davor zu haben. Der Heilige Geist, der in dir lebt, möchte Einfluß auf jeden Bereich deines Lebens, deines Wesens, einschließlich deiner Emotionen nehmen. Wenn du den Herrn liebst, wirst du diese Liebe zu ihm spüren; aber die Liebe zu ihm gründet nicht in

Gefühlen. Wenn du Gott liebst, dann wirst du den Wunsch haben, seinen Anweisungen zu gehorchen, ohne Rücksicht auf deine Gefühle. Du wirst deine Liebe in praktischem Gehorsam ausdrücken wollen.

Den Herrn zu lieben, bedeutet jedoch mehr, als sklavisch seinen Willen auszuführen. Es ist eine liebevolle Beziehung, die zwischen dir und ihm besteht. Wenn du ihn lobst und anbetest, ist es nur richtig, daß du auch Liebe zu ihm empfindest, daß du Freude beim Lobpreis spürst und wie herrlich es ist, ihn zu verehren.

Manche versuchen, ihre Gefühle aus ihrem Leben als Christen herauszuhalten, und das kann gefährlich werden. Wenn du dich davor scheust, Liebe zu Gott zu empfinden, wirst du häufig Zweifel an seiner Liebe zu dir haben. Furcht ist nicht in der Liebe. Sollte dennoch Furcht vorhanden sein, ist dies ein deutlicher Hinweis darauf, daß wir von seiner Liebe noch nicht vollständig erfüllt sind.

Laß zu, daß die Liebe Jesu deinen Geist und deine Seele erfüllt, wenn du sein Wort empfängst. Denn Jesus liebt dich, und er möchte, daß du seine Liebe empfängst.

Er spricht seine Worte der Liebe jetzt zu dir; es sind keine leeren Worte *über* Liebe, sondern Worte *der* Liebe. Sie enthalten seine Liebe, sie teilen dir seine Liebe mit.

MEDITATION:

Ich habe euch lieb, spricht der Herr. *(Mal 1,2)*

Fürchte dich nicht, denn ich habe dich erlöst; ich habe dich bei deinem Namen gerufen; du bist mein! *(Jes 43,1)*

... weil du in meinen Augen so wert geachtet und auch herrlich bist und weil ich dich lieb habe. *(Jes 43,4)*

LOB:

Herzlich lieb habe ich dich, Herr, meine Stärke! *(Ps 18,2)*

2. DER VATER

Niemand kennt den Sohn als nur der Vater, und niemand kennt den Vater als nur der Sohn und wem es der Sohn offenbaren will.

(Mt 11,27)

Jesus, bitte offenbare mir deinen Vater.

LESUNG: Johannes 5,17-23

Jesus aber antwortete ihnen: Mein Vater wirkt bis auf diesen Tag, und ich wirke auch. Darum trachteten die Juden noch viel mehr danach, ihn zu töten, weil er nicht allein den Sabbat brach, sondern auch sagte, Gott sei sein Vater, und machte sich selbst Gott gleich. Da antwortete Jesus und sprach zu ihnen: Wahrlich, wahrlich, ich sage euch: Der Sohn kann nichts von sich aus tun, sondern nur, was er den Vater tun sieht; denn was dieser tut, das tut gleicherweise auch der Sohn. Denn der Vater hat den Sohn lieb und zeigt ihm alles, was er tut, und wird ihm noch größere Werke zeigen, so daß ihr euch verwundern werdet. Denn wie der Vater die Toten auferweckt und macht sie lebendig, so macht auch der Sohn lebendig, welche er will. Denn der Vater richtet niemand, sondern hat alles Gericht dem Sohn übergeben, damit sie alle den Sohn ehren, wie sie den Vater ehren. Wer den Sohn nicht ehrt, der ehrt den Vater nicht, der ihn gesandt hat.

Gott ist heilig, allmächtig, gerecht und wahrhaftig; und weil du an Jesus glaubst, ist er auch dein Vater. Das ist das Zentrale einer wirklichen Beziehung zu Gott: daß du ihn "Vater" nennen kannst, weil du um seine Liebe zu dir weißt; weil du weißt, daß er dich angenommen und dich zu seinem Eigentum gemacht hat.

Der Vater hat den Sohn lieb und hat ihm alles in seine Hand gegeben *(Joh 3,35).* **Denn der Vater hat den Sohn lieb und zeigt ihm alles, was er tut** *(Joh 5,20).* Vater und Sohn hielten eine vollkommene Einheit aufrecht, auch während Jesu Menschsein, denn sie waren durch die Liebe verbunden. In Liebe blieb Jesus alle Zeit seinem Vater gehorsam, und er war sogar bereit, ans Kreuz zu gehen. Da er dich ebenso als sein Kind liebt, will er dir alles zeigen, was er tut.

Jesus lehrte seine Jünger: **Wenn ihr betet, so sprecht: Vater ...** *(Lk 11,2).* Dieses Wort spricht von der Beziehung, die wir zu Gott haben und in der wir beten sollen. Gott möchte, daß du wie Jesus um deine Einheit und Gemeinschaft mit ihm persönlich weißt.

Die Liebe des Vaters ist immer zuverlässig. Er ist der ewige Vater, und so hat auch seine Liebe ewigen Bestand. Er wird niemals aufhören, dich zu lieben; er wird niemals sein Versprechen zurücknehmen. Jesus sagte: **Mein Vater wirkt bis auf diesen Tag** *(Joh 5,17)*. Verstehst du, was er damit sagt? Gott ist immer bereit, für dich zu wirken, für dich das zu tun, was du selbst nicht für dich tun kannst, Worte des Glaubens und der Kraft zu deinem Herzen zu sprechen, dir die Gewißheit zu geben, daß er das Beste für dich bereithält. Er möchte dich näher zu sich ziehen und dir eine noch größere Offenbarung seiner Liebe geben.

Er möchte nicht, daß du dich mit weniger begnügst als dem Besten, das er für dich bereit hat. In christlichen Dingen ist das Gute der Feind des Besten. Streck dich nach dem Besten aus, das Gott für dich bereithält. Jeder irdische Vater wünscht sich das Beste für seine Kinder; wieviel mehr ist das die Wahrheit im Hinblick auf die vollkommene Liebe des himmlischen Vaters für dich.

Du wirst merken, es gibt Zeiten, da brauchst du in deinem Gebet nur dieses eine Wort: "Vater". Manchmal wirst du es flehend sagen, weil du kein anderes Wort in einer bestimmten Situation finden kannst. Zu anderen Zeiten wird es ein einfaches Wort der Verehrung sein: "Vater". Der Ruf des Kindes zu dem einen, der es liebt.

Wenn du jetzt betest, gebrauche dieses Wort. Du rufst deinen himmlischen Vater an und umarmst ihn in Liebe. Bei ihm bist du sicher und geborgen. Laß ihn dein Vater sein; das war sein Wunsch, lange bevor du das Verlangen danach hattest, ihn kennenzulernen. Und wenn du für andere Menschen betest, bringe sie einfach in das Licht seiner Liebe.

MEDITATION:

Vater. *(Lk 11,2)*

Vater! Dein Name werde geheiligt. *(Lk 11,2)*

Du bist mein Sohn, heute habe ich dich gezeugt. *(Ps 2,7)*

LOB:

Er wird mich nennen: Du bist mein Vater, mein Gott und Hort, der mir hilft. *(Ps 89,27)*

3. KINDER GOTTES

Seht, welch eine Liebe hat uns der Vater erwiesen, daß wir Gottes Kinder heißen sollen - und wir sind es auch! Darum kennt uns die Welt nicht; denn sie kennt ihn nicht. *(1.Joh 3,1)*

Danke, Vater, daß du mich zu deinem Kind gemacht hast.

LESUNG: Lukas 15,25-32

Aber der ältere Sohn war auf dem Feld. Und als er nahe zum Hause kam, hörte er das Singen und Tanzen und rief zu sich einen der Knechte und fragte, was das wäre. Der aber sagte ihm: Dein Bruder ist gekommen, und dein Vater hat das gemästete Kalb geschlachtet, weil er ihn gesund wieder hat. Da wurde er zornig und wollte nicht hineingehen. Da ging sein Vater heraus und bat ihn. Er antwortete aber und sprach zu seinem Vater: Siehe, so viel Jahre diene ich dir und habe dein Gebot noch nie übertreten, und du hast mir nie einen Bock gegeben, daß ich mit meinen Freunden fröhlich gewesen wäre. Nun aber, da dieser dein Sohn gekommen ist, der dein Hab und Gut mit Huren verpraßt hat, hast du ihm das gemästete Kalb geschlachtet. Er aber sprach zu ihm: Mein Sohn, du bist allezeit bei mir, und alles, was mein ist, das ist dein. Du solltest aber fröhlich und guten Mutes sein; denn dieser dein Bruder war tot und ist wieder lebendig geworden, er war verloren und ist wiedergefunden.

Gott ist Liebe; es ist seine Natur zu lieben; es ist seine Natur zu geben. Da er dich liebt, will er dich beschenken.

Es liegt völlig an dir, ob du zu ihm kommst und ihn in dem Vertrauen bittest, daß es sein Wunsch ist, dir zu geben. Wenn du dich Gott im Gebet zuwendest, wendet er sich dir mit seinem Segen zu.

Suche ihn um seiner selbst willen, nicht nur wegen der Segnungen. Begehre es, ihm nahezukommen, weil er dein Vater ist, und du sein Kind. Du wirst, wie der jüngere Sohn in dem Gleichnis, entdecken, daß der Vater dir entgegenkommt. Und auch wenn du dich unwürdig fühlst, will Gott dir dennoch das Beste geben.

Wenn du von ihm empfängst, kann es durch dich hindurch anderen zufließen. Der verschwenderische Sohn im Gleichnis verschleuderte sein Erbe für sich selbst und sah seinen Fehler ein. Der ältere Bruder nahm sein Erbe niemals in Anspruch und war damit genauso verschwenderisch. Es ist durchaus möglich, so wie er voller Selbstgerechtigkeit und Stolz Gott zu dienen und fleißig für ihn zu arbeiten, ohne zu erkennen, daß du sein Kind bist mit dem dazugehörigen reichen Erbe.

Gott möchte nicht, daß du draußen stehen bleibst und dem Fest nur zusiehst. Wie der Sünder, dem vergeben worden ist, gehörst du an die Festtafel, du sollst das gemästete Kalb essen, mit dem Kleid der Gerechtigkeit bekleidet werden, das Jesus dir gegeben hat, den Ring am Finger und Schuhe an den Füßen tragen. Wenn du zu denen gehörst, die versuchen, ihn zu lieben und ihm zu dienen, so gilt dir dieses Wort: **Mein Sohn, du bist allezeit bei mir, und alles, was mein ist, das ist dein** *(Lk 15,31)*.

Egal ob männlich oder weiblich, du bist ein Sohn Gottes durch den Glauben an Christus Jesus, denn Kinder haben vorrangig das Recht auf das Erbe, und jedes wiedergeborene Kind Gottes hat das gleiche Erbe in Christus. Gott liebt dich; er akzeptiert dich; du gehörst zu ihm als sein Kind, und er möchte dich beschenken.

Vertraue der Wahrheit seines Wortes jetzt. Höre den Vater zu deinem Herzen sprechen.

MEDITATION:

Mein Sohn, du bist allezeit bei mir, und alles, was mein ist, das ist dein. *(Lk 15,31)*

Denn ihr seid alle durch den Glauben Gottes Kinder in Christus Jesus. *(Gal 3,26)*

Sie sind ja mein Volk, Söhne, die nicht falsch sind. *(Jes 63,8)*

LOB:

Meine Lippen und meine Seele, die du erlöst hast, sollen fröhlich sein und dir lobsingen. *(Ps 71,23)*

4. DIR IST VERGEBEN

Denn also hat Gott die Welt geliebt, daß er seinen eingeborenen Sohn gab, damit alle, die an ihn glauben, nicht verloren werden, sondern das ewige Leben haben. *(Joh 3,16)*

Danke, Jesus, daß du für mich gestorben bist.

LESUNG: Jesaja 53,5-6

Aber er ist um unsrer Missetat willen verwundet und um unsrer Sünde willen zerschlagen. Die Strafe liegt auf ihm, auf daß wir Frieden hätten, und durch seine Wunden sind wir geheilt. Wir gingen alle in die Irre wie Schafe, ein jeder sah auf seinen Weg. Aber der Herr warf unser aller Sünde auf ihn.

Am Kreuz ist die Natur der Liebe Gottes zu uns am deutlichsten zu erkennen. Denn Gott ist beides: heilig und gerecht. Gott kann nicht mit einem Achselzucken über unsere Sünden hinwegsehen und sagen: Das macht nichts. Alle haben gesündigt und haben Gottes Herrlichkeit verloren. Sünde ist unheilig, und verletzt Gott. Der Heilige kann nicht mit dem Unheiligen eins werden. Gott mußte etwas tun, um uns von unserer Unheiligkeit zu reinigen, so daß wir Gemeinschaft mit ihm haben können. Wenn Gott dies nicht getan hätte, bliebe nur eine Alternative: Wir hätten den ewigen Tod vor uns und kämen nie in den Genuß seiner Herrlichkeit.

Für unsere Sünde verdienen wir nur die ewige Trennung von Gott: Wir verdienen die Hölle, aber nicht den Himmel. Wir könnten uns niemals das Recht erwerben, mit Gott in Gemeinschaft zu leben. Das ist ein Geschenk seiner Gnade - Gott gibt sich denen, die es eigentlich nicht verdienen. So sandte er seinen Sohn in die Welt, denn er wollte nicht, daß die Menschen verdammt, sondern gerettet werden, gerettet von der Sünde und vom ewigen Tod.

Wer sich Jesus anvertraut und ihm Glauben schenkt, wird nicht verdammt werden, sondern er erhält das ewige Leben bereits jetzt. Denn er ist der Sohn Gottes und dein Retter, du mußt ihm deine Sünden bekennen und ihn um Vergebung bitten.

Am Kreuz brachte er dem Vater sein sündloses Leben um deinetwillen, dem Sünder. Er gab sein vollkommenes Leben für deine Unvollkommenheit, sein heiliges Leben für deine Unheiligkeit. So groß ist die Liebe Gottes zu dir; freiwillig sandte er seinen Sohn, um deinetwillen solch ein Opfer zu bringen: **Denn er ist aus dem Lande der Lebendigen weggerissen, da er** für die Missetat meines Volks geplagt war *(Jes 53,8)*. Jesus starb den Tod eines Sünders und er erlitt damit die Strafe, die wir verdienen, **die Strafe liegt auf ihm, auf daß wir Frieden hätten, und durch seine Wunden sind wir geheilt** *(Jes 53,5)*. Du mußt keine Strafe mehr von Gott für deine Sünden erleiden. Er wird nicht zweimal für dasselbe Vergehen strafen. Da Jesus die Strafe für dich getragen hat, kann dir ungehindert vergeben werden. Und wenn Gott vergibt, dann vergißt er. Aus diesem Grund konnte Jesus auch triumphierend am Kreuz ausrufen: **Es ist vollbracht** *(Joh 19,30)*. Alles, was nötig war für unsere Vergebung und Rettung war vollbracht. Jesus hatte das höchste Opfer der Liebe gebracht, damit wir frei sind.

Johannes schreibt: **Wenn wir sagen, wir haben keine Sünde, so betrügen wir uns selbst, und die Wahrheit ist nicht in uns. Wenn wir aber unsre Sünden bekennen, so ist er treu und gerecht, daß er uns die Sünden vergibt und reinigt uns von aller Ungerechtigkeit. Wenn wir sagen, wir haben nicht gesündigt, so machen wir ihn zum Lügner, und sein Wort ist nicht in uns** *(1.Joh 1,8-10)*

Wenn Gott dir vergibt, dann macht er dich in seinen Augen gerecht; es ist alles in Ordnung zwischen dir und Gott. Freue dich daran, was Jesus für dich getan hat und denke daran, daß du bei jedem Gebet alle Lasten und Sünden Gott abgeben kannst. Er ist bereit, sie zu tragen. Er will dir vergeben, und er starb, um dies möglich zu machen. Er wollte dich befreit sehen von Sünde und Schuld; er wollte sehen, wie du dich an seinem Frieden erfreust; wie du die Gemeinschaft mit deinem himmlischen Vater, der dich liebt, genießt.

MEDITATION:

Aber er ist um unsrer Missetat willen verwundet und um unsrer Sünde willen zerschlagen. *(Jes 53,5)*

Denn ich will ihnen ihre Missetat vergeben und ihrer Sünde nimmermehr gedenken. *(Jer 31,34)*

In ihm haben wir die Erlösung durch sein Blut, die Vergebung der Sünden, nach dem Reichtum seiner Gnade. *(Eph 1,7)*

LOB:

Es ist vollbracht! *(Joh 19,30)*

5. GEMEINSCHAFT MIT GOTT

Denn Gott ist treu, durch den ihr berufen seid zur Gemeinschaft seines Sohnes Jesus Christus, unseres Herrn. *(1.Kor 1,9)*

Heiliger Geist, bitte sprich die Worte Jesu zu meinem Herzen.

LESUNG: 1. Johannes 1,2-4

Das Leben ist erschienen, und wir haben gesehen und bezeugen und verkündigen euch das Leben, das ewig ist, das beim Vater war und uns erschienen ist -, was wir gesehen und gehört haben, das verkündigen wir auch euch, damit auch ihr mit uns Gemeinschaft habt; und unsere Gemeinschaft ist mit dem Vater und mit seinem Sohn Jesus Christus. Und das schreiben wir, damit unsere Freude vollkommen sei.

Gott hat dich geschaffen, damit du in engster Gemeinschaft mit ihm lebst. Gemeinschaft bedeutet, Leben miteinander zu teilen. Jesus vergoß sein Blut am Kreuz, so daß du an seinem Leben Anteil haben und mit ihm in Einklang leben kannst.

Viele Menschen denken, daß es nur den "Großen im Glauben" vorbehalten sei, nahe bei Gott zu leben. Aber das stimmt keinesfalls. Du kannst in ständiger Gemeinschaft mit dem Vater leben. Er will, daß du sein Leben mit ihm teilst.

Erlebst du das wirklich?

Es ist schwierig, mit Gott in Einklang zu leben, wenn man nicht mit ihm übereinstimmt. Es ist möglich, mit ihm zu diskutieren, ohne es eigentlich zu beabsichtigen. Wenn Gott etwas sagt, und du sagst das Gegenteil, hat einer Unrecht. Jedesmal, wenn du dich über deine Lebensumstände beklagst, zeigst du deine Unzufriedenheit mit Gott, mit seiner Liebe und Fürsorge für dich. Paulus sagt: **Tut alles ohne Murren und ohne Zweifel** *(Phil 2,14)*.

Jedesmal, wenn du an dich voll Selbstmitleid denkst, verleugnest du, was Gott in seinem Wort sagt: **Alles, was zum Leben und Frömmigkeit dient, hat uns seine göttliche Kraft geschenkt durch die Erkenntnis dessen, der uns berufen hat durch seine Herrlichkeit und Kraft** *(2.Petr 1,3)*. **Mein Gott aber wird all eurem Mangel abhelfen nach seinem Reichtum in Herrlichkeit in Christus Jesus** *(Phil 4,19)*. **Denn in ihm wohnt die ganze Fülle der Gottheit leibhaftig** *(Kol 2,9)*.

Wenn ich in Einklang mit Gott lebe und mit ihm einer Meinung bin, weiß ich, daß er für alle meine Nöte sorgen wird, nicht meinem Wert entsprechend, sondern gemäß seines Reichtums in Christus Jesus. Anstatt zu murren,

erkennt der Christ den Herrn an als den, der für ihn sorgt. Er erkennt die Wahrheit dessen, was Jesus sagt: **Trachtet zuerst nach dem Reich Gottes und nach seiner Gerechtigkeit, so wird euch das alles zufallen** *(Mt 6,33)*. Beginne, Gott zuzustimmen, anstatt ihm zu widersprechen. Empfange sein Wort, höre ihn zu deinem Herzen sprechen. Je mehr du mit ihm übereinstimmst, desto enger wird die Beziehung zu ihm sein.
Wenn du betest, spricht er sein Wort persönlich zu dir, denn er liebt dich. Er möchte, daß du ganz genau darauf achtest, was er sagt.

MEDITATION:

Mein Sohn, merke auf meine Rede und neige dein Ohr zu meinen Worten. *(Spr 4,20)*

Ich liebe, die mich lieben, und die mich suchen, finden mich. *(Spr 8,17)*

Laß dein Herz meine Worte aufnehmen; halte meine Gebote, so wirst du leben. *(Spr 4,4)*

LOB:

Ich will dem Herrn singen mein Leben lang und meinen Gott loben, solange ich bin. *(Ps 104,33)*

TEIL 2

DEIN HERR
UND
DEIN GOTT

6. ICH BIN DEIN SCHÖPFER

Ist er nicht dein Vater und dein Herr? Ist's nicht er allein, der dich gemacht und bereitet hat? *(5.Mose 32,6)*

Danke, Herr, daß du mich gewollt hast.

LESUNG: Römer 8,26-30

Desgleichen hilft auch der Geist unserer Schwachheit auf. Denn wir wissen nicht, was wir beten sollen, wie sich's gebührt; sondern der Geist selbst vertritt uns mit unaussprechlichem Seufzen. Der aber die Herzen erforscht, der weiß, worauf der Sinn des Geistes gerichtet ist; denn er vertritt die Heiligen, wie es Gott gefällt. Wir wissen aber, daß denen, die Gott lieben, alle Dinge zum Besten dienen, denen, die nach seinem Ratschluß berufen sind. Denn die er ausersehen hat, die hat er auch vorherbestimmt, daß sie gleich sein sollten dem Bild seines Sohnes, damit dieser der Erstgeborene sei unter vielen Brüdern. Die er aber vorherbestimmt hat, die hat er auch berufen; die er aber berufen hat, die hat er auch gerecht gemacht; die er aber gerecht gemacht hat, die hat er auch verherrlicht.

Manche bezweifeln die Existenz Gottes, ihrer Ansicht nach ist die Welt und alles Leben durch eine Reihe von Zufällen entstanden. Das trägt jedoch nicht der Tatsache Rechnung, daß die Schöpfung geordnet und systematisch ist. Noch beantwortet es die Frage, wie die Materie überhaupt entstanden ist.

Andere, sogar einige, die sich selbst als Christen bezeichnen würden, glauben an einen Schöpfer-Gott, aber nachdem dieser die Welt und zu guter Letzt auch den Menschen geschaffen hatte, zog er sich zurück und überließ die Schöpfung ihrem Schicksal. Der Mensch muß auf der Welt leben, so gut er irgend kann, ohne ein Eingreifen Gottes erwarten zu können.

All das steht in völligem Widerspruch zu dem, wie die Bibel Gott beschreibt. Die Welt ist durch sein bewußtes Handeln entstanden, und nicht durch eine Serie von Zufällen. Er erhält die Schöpfung durch sein Wort, und alles dient der Erfüllung seines Plans, den er für seine Schöpfung hat. Aber da er jeden von uns mit einem freien Willen ausgestattet hat, kann jeder wählen, mit dem Herrn in seinen Absichten zusammenzuarbeiten, oder er kann sich weigern, es zu tun.

Inmitten seiner ganzen Schöpfung hat er seine besondere Absicht mit dir. Wie allen anderen seiner Kindern, die ihn kennen und lieben, versichert er dir, daß seine Absichten gut sind. **Denn ich weiß wohl, was ich für**

Gedanken über euch habe, spricht der Herr: Gedanken des Friedens und nicht des Leides, daß ich euch gebe das Ende, des ihr wartet [wörtlich: daß ich euch gebe Zukunft und Hoffnung] *(Jer 29,11)*.

Diejenigen, die Gott nicht kennen, beschuldigen ihn oft, für Dinge verantwortlich zu sein, die der Teufel tut. Der Herr wünscht denen, die er liebt, nichts Schlechtes. Das stünde in krassem Widerspruch zu seiner Vaternatur. In seiner Liebe sorgt er für dein Wohlergehen. Er hat die Hoffnung für dich bereit, daß er deinen Glauben erhalten wird bis zum Ende, daß er dich auferwecken wird am Jüngsten Tag, daß, wenn du ihn sehen wirst von Angesicht zu Angesicht, du ihm gleich sein wirst.

Er wird dich nicht wegwerfen oder dich der Verdammnis überlassen. In Liebe hat er dich gerettet und zu seinem Eigentum gemacht.

Du bist ein Erbe Gottes und ein Miterbe Christi. Du hast Teil an dem reichen Erbe von Gottes himmlischen Königreich.

Manche haben Vorherbestimmung und freien Willen in Gegensatz zueinander gesetzt und sagen, es sei unmöglich, an beides zu glauben. Die Bibel lehrt beides und hält es zusammen. Der Herr hat eine bestimmte Absicht mit dir, aber er arbeitet mit dir zusammen. Er möchte, daß du deinen freien Willen zur Mitarbeit mit ihm gebrauchst. Er wird seinen Weg in deinem Leben nicht erzwingen oder dich mit Gewalt dahin bringen, seinen Weg zu gehen. Du kannst wählen, ob du auf deinen eigenen Wegen gehen willst, auf denen kein Segen liegt, oder auf seinen Wegen: **Siehe, ich habe dir heute vorgelegt das Leben und das Gute, den Tod und das Böse. Wenn du gehorchst den Geboten des Herrn, deines Gottes, die ich dir heute gebiete, daß du den Herrn, deinen Gott, liebst und wandelst in seinen Wegen und seine Gebote, Gesetze und Rechte hältst, so wirst du leben und dich mehren, und der Herr, dein Gott, wird dich segnen in dem Lande, in das du ziehst, es einzunehmen** *(5.Mose 30,15-16)*.

Gott hat in seiner Liebe vorherbestimmt, daß du zu ihm gehören sollst, daß du als sein Kind durch Jesus Christus adoptiert sein sollst *(Eph 1,5)*. Und dennoch wartet er auf deine freiwillige Antwort auf sein Wort. **In ihm sind wir auch zu Erben eingesetzt worden, die wir dazu vorherbestimmt sind nach dem Vorsatz dessen, der alles wirkt nach dem Ratschluß seines Willens; damit wir etwas seien zum Lob seiner Herrlichkeit, die wir zuvor auf Christus gehofft haben** *(Eph 1,11-12)*. Es ist sein Wille, dich auf seinen Wegen zu halten, und er ist entschlossen, dich zu seinem Ziel zu bringen.

Höre den Herrn jetzt zu dir sprechen, laß dir von ihm die Gewißheit schenken, daß dein Leben in seiner Hand liegt. Er kennt dich, er liebt dich, er sorgt für dich und er hat einen Plan für dich. Noch mehr, er will dich zur Vollendung seines Plans für dich leiten.

MEDITATION:

Der Herr Zebaoth hat geschworen: Was gilt's? Es soll gehen, wie ich denke, und soll zustande kommen, wie ich's im Sinn habe. *(Jes 14,24)*

Ich bin der Herr, und sonst keiner mehr, kein Gott ist außer mir.
(Jes 45,5)

Denn ich weiß wohl, was ich für Gedanken über euch habe, spricht der Herr: Gedanken des Friedens und nicht des Leides, daß ich euch gebe das Ende, des ihr wartet. *(Jer 29,11)*

LOB:

Die sollen loben den Namen des Herrn; denn er gebot, da wurden sie geschaffen. *(Ps 148,5)*

7. ICH BIN BEI DIR

Nun wissen wir, daß du alle Dinge weißt und bedarfst dessen nicht, daß dich jemand fragt. Darum glauben wir, daß du von Gott ausgegangen bist. *(Joh 16,30)*

Herr, bitte befreie mich von all meinen Ängsten.

LESUNG: Jesaja 43,1-3.4-7

Und nun spricht der Herr, der dich geschaffen hat, Jakob, und dich gemacht hat, Israel: Fürchte dich nicht, denn ich habe dich erlöst; ich habe dich bei deinem Namen gerufen; du bist mein! Wenn du durch Wasser gehst, will ich bei dir sein, daß dich die Ströme nicht ersäufen sollen; und wenn du ins Feuer gehst, sollst du nicht brennen, und die Flamme soll dich nicht versengen. Denn ich bin der Herr, dein Gott, der Heilige Israels, dein Heiland. (...), weil du in meinen Augen so wert geachtet und auch herrlich bist und weil ich dich lieb habe. Ich gebe Menschen an deiner Statt und Völker für dein Leben. So fürchte dich nun nicht, denn ich bin bei dir. Ich will vom Osten deine Kinder bringen und dich vom Westen her sammeln, ich will sagen zum Norden: Gib her! und zum Süden: Halte nicht zurück! Bring her meine Söhne von ferne und meine Töchter vom Ende der Erde, alle, die mit meinem Namen genannt sind, die ich zu meiner Ehre geschaffen und zubereitet und gemacht habe.

Furcht ist der Feind des Glaubens, in der Liebe gibt es keine Furcht. Furcht ist Sünde, denn sie tritt nur auf, wenn wir zum Herrn kein Vertrauen haben. **Fear** (engl.: Furcht) kann man so aufschlüsseln: **F**alse **e**xpectations **a**ppearing **r**eal (engl: Falsche Erwartungen, die wirklich erscheinen). Der Feind liebt es, uns Dinge einzureden, von denen er weiß, daß sie uns Angst machen, und die sich gewöhnlich als falsch erweisen; die falsche Überzeugung ist schlimmer als die Sache selbst.

Immer und immer wieder gibt uns der Herr sein Mittel gegen Furcht: 'Fürchte dich nicht'. Das hört sich einfach an, doch er gibt uns gute Gründe, warum wir uns nicht zu fürchten brauchen.

Es gibt nichts, wovor du Angst zu haben brauchst, denn du gehörst ihm; er hat dich erlöst, indem er für dich mit seinem Blut bezahlt hat. Er hat dich bei deinem Namen gerufen, und er ist fähig, alle die zu beschützen, die zu ihm gehören. Er verspricht, daß er dich niemals im Stich lassen wird.

Es ist der eine Gott, der dich freigekauft hat. Es ist der Herr, dessen Autorität und Macht all diejenigen beseitigen wird, die sich gegen ihn stellen.

Es spielt keine Rolle, wie widrig die Umstände sind, er verspricht, die Seinen zu schützen. **Wenn du durch Wasser gehst, will ich bei dir sein, daß dich die Ströme nicht ersäufen sollen; und wenn du ins Feuer gehst, sollst du nicht brennen, und die Flamme soll dich nicht versengen** *(Jes 43,2)*. Wenn du dich fürchtest, dann nur, weil du Gottes Liebe nicht voll einzuschätzen weißt. Je mehr du seiner Liebe zu dir vertraust, desto weniger Furcht wirst du haben. Du bist in seinen Augen wert geachtet und herrlich, und er hat dich lieb.

Ich selbst war früher sehr ängstlich. Je mehr ich die Liebe des Herrn zu mir schätzen lernte, desto freier wurde ich von Angst. Selbst wenn meine erste Reaktion in manchen Situationen Angst ist, erinnert mich der Geist daran: **So fürchte dich nun nicht, denn ich bin bei dir** *(Jes 43,5)*. Wir sind zur Ehre Gottes geschaffen und nicht, um Knechte der Angst zu sein. Paulus erinnert Timotheus an den Heiligen Geist, der in uns lebt: **Denn Gott hat uns nicht gegeben den Geist der Furcht, sondern der Kraft und der Liebe und der Besonnenheit** *(2.Tim 1,7)*.

Ist Gottes Liebe und Sorge für seine Kinder nicht viel größer als die Liebe des besten irdischen Vaters für seine Kinder? Er sandte Jesus, damit er für uns starb, denn er wollte seine geliebten Kinder um sich haben, die in seinen Augen wert geachtet und herrlich sind.

Was für eine Zusage, daß du zu dem Herrn gehörst, daß Gott dein Vater ist, Jesus dein Erlöser und der Heilige Geist in dir lebt. **Gesegnet aber ist der Mann, der sich auf den Herrn verläßt und dessen Zuversicht der Herr ist. Der ist wie ein Baum, am Wasser gepflanzt, der seine Wurzeln zum Bach hin streckt. Denn obgleich die Hitze kommt, fürchtet er sich doch nicht, sondern seine Blätter bleiben grün; und er sorgt sich nicht, wenn ein dürres Jahr kommt, sondern bringt ohne Aufhören Früchte** *(Jer 17,7-8)*.

Als der Herr Gideon rief, fand er ihn versteckt hinter einer Weinpresse. Er sprach ihn als **streitbarer Held** *(Ri 6,12)* an. Gott sah in ihm den Mann, der er werden würde. Sieh dich, wie Gott dich sieht, als der, der in Christus lebt und der keine Furcht hat; mit dem Geist der Kraft, der Liebe und der Besonnenheit ausgestattet.

Der Herr spricht jetzt mit dir. Er sagt dir, du brauchst keine Angst zu haben; er hat dich erlöst. Er hat dich mit seinem Blut erkauft, du bist sein. Er hat dich bei deinem Namen gerufen, damit du zu ihm gehörst.

MEDITATION:

Fürchte dich nicht, denn ich habe dich erlöst; ich habe dich bei deinem Namen gerufen; du bist mein! *(Jes 43,1)*

So fürchte dich nun nicht, denn ich bin bei dir. *(Jes 43,5)*

Fürchte dich nicht, ich bin mit dir; weiche nicht, denn ich bin dein Gott. *(Jes 41,10)*

LOB:

Auf Gott will ich hoffen und mich nicht fürchten. *(Ps 56,5)*

8. ICH BIN DEIN ERLÖSER

Der Herr ist groß und sehr zu loben, und seine Größe ist unausforschlich. *(Ps 145,3)*

Jesus, bitte gib mir die Gewißheit, daß ich durch deine Liebe gerettet bin.

LESUNG: Psalm 103,1-5

Lobe den Herrn, meine Seele, und was in mir ist, seinen heiligen Namen! Lobe den Herrn, meine Seele, und vergiß nicht, was er dir Gutes getan hat: der dir alle deine Sünde vergibt und heilet alle deine Gebrechen, der dein Leben vom Verderben erlöst, der dich krönet mit Gnade und Barmherzigkeit, der deinen Mund fröhlich macht, und du wieder jung wirst wie ein Adler.

Wenn wir betrachten, was Gott alles für uns in Jesus getan hat, werden wir erfüllt von Dankbarkeit und Lob. Wir haben das Verlangen, den Herrn zu loben und zu preisen und seine Herrlichkeit zu verkünden.

Als du in eine persönliche Beziehung zu Jesus Christus tratest, erfuhrst du ihn als deinen Erlöser. Er möchte, daß du ihn weiterhin in dieser Weise kennenlernst, gerade in deinen täglichen Erfahrungen.

Wenn du dich auf deine Probleme, Schwierigkeiten oder negativen Gefühle konzentrierst, wird Lobpreis das Letzte sein, was du tun möchtest. Manchmal erfordert es einen regelrechten Willensakt, ihn zu preisen. Lob konzentriert sich auf ihn, weg von dir. Dann fängst du an, alles in einem anderen Licht zu betrachten; du erfährst Gottes Sicht der Dinge, die dich belasten. Ergebnis: Glauben steigt in dir auf, und du hörst, wie der Heilige Geist deinem Herzen die Verheißungen von Gottes Wort bezeugt.

Gnädig und barmherzig ist der Herr, geduldig und von großer Güte. Der Herr ist allen gütig und erbarmt sich aller seiner Werke. Es sollen dir danken, Herr, alle deine Werke und deine Heiligen dich loben und die Ehre deines Königtums rühmen und von deiner Macht reden, daß den Menschen deine gewaltigen Taten kundwerden und die herrliche Pracht deines Königtums *(Ps 145,8-12).*

Welch ein Gegensatz zu den Klagen, die man manchmal von Christen hört. Als Geheiligter sollst du die Herrlichkeit des Reiches Gottes und seine Macht verkünden. Wenn du jammerst, sagst du im Grunde, daß seine Kraft und Fürsorge nicht ausreichend oder angemessen sind.

David wußte, was es heißt, Widerstand zu ertragen, und von Feinden bedrängt zu werden. Er hatte allen Grund, sich unterdrückt und mutlos zu fühlen, doch er lernte, wie hilfreich Lob ist. In Psalm 103 spricht er zu seiner eigenen Seele, als ob er zu sich sagen wollte: "Hör auf, dich auf deine Probleme zu konzentrieren, David, und denk daran, was Gott für dich getan hat: Rettung, Heilung und Befreiung sind dein durch seine Liebe und Barmherzigkeit."
Er gibt sich fünf gute Gründe vor, weswegen er Gott loben kann:

Er vergibt alle meine Sünden.
Er heilt all meine Gebrechen.
Er erlöst mein Leben vom Verderben.
Er krönt mich mit Gnade und Barmherzigkeit.
Er macht mich wieder fröhlich und jung.

Du siehst also, wieviele Aspekte des Heils in diesen wenigen Versen enthalten sind. Und das Jahrhunderte, bevor Jesus kam! Durch ihn segnet dich Gott mit allem geistlichen Segen, den es im Himmel gibt. Gott für deine Erlösung zu loben ist das Mittel gegen Angst! **Ich habe dich zur Zeit der Gnade erhört und habe dir am Tag des Heils geholfen. Siehe, jetzt ist die Zeit der Gnade, siehe, jetzt ist der Tag des Heils!** *(2.Kor 6,2).*
Jesus sagt dir persönlich, daß er dein Heiland ist. Die Kirche ist es nicht, dein geistliches Leben ist es nicht, deine guten Werke sind es nicht. Er allein ist dein Heil. Trau auf ihn!

MEDITATION:

Ich bin deine Hilfe! *(Ps 35,3)*

Aber mein Heil bleibt ewiglich, und meine Gerechtigkeit wird nicht zerbrechen. *(Jes 51,6)*

(...), so will ich doch deiner nicht vergessen. Siehe, in die Hände habe ich dich gezeichnet. *(Jes 49,15-16)*

LOB:

Er ist mein Fels, meine Hilfe und mein Schutz, daß ich nicht fallen werde. *(Ps 62,7)*

9. ICH BIN DER HERR

Dem aber, der überschwenglich tun kann über alles hinaus, was wir bitten oder verstehen, nach der Kraft, die in uns wirkt, dem sei Ehre in der Gemeinde und in Christus Jesus zu aller Zeit, von Ewigkeit zu Ewigkeit! Amen. *(Eph 3,20-21)*

Jesus, du bist mein Herr.

LESUNG: Jeremia 32,38-41

Sie sollen mein Volk sein, und ich will ihr Gott sein. Und ich will ihnen einerlei Sinn und einerlei Wandel geben, daß sie mich fürchten ihr Leben lang, auf daß es ihnen wohlgehe und ihren Kindern nach ihnen. Und ich will einen ewigen Bund mit ihnen schließen, daß ich nicht ablassen will, ihnen Gutes zu tun, und will ihnen Furcht vor mir ins Herz geben, daß sie nicht von mir weichen. Es soll meine Freude sein, ihnen Gutes zu tun, und ich will sie in diesem Lande einpflanzen, ganz gewiß, von ganzem Herzen und von ganzer Seele.

Sei dir jeden Tag deines Lebens bewußt, daß Gott größer ist als du, er liebt dich und will dich beschenken. Dieser Gott ist allmächtig, ihm ist nichts unmöglich. Er ist der Herr, der über allem steht, was er geschaffen hat und der die letzte Autorität und Macht hat.

Seine Liebe zu dir ist so groß, daß er weiß, wessen du bedarfst, bevor du ihn darum bittest. Er ist fähig, unermeßlich mehr zu tun, als du verlangen oder dir vorstellen könntest. Er sagt dir:

Bittet, so wird euch gegeben; suchet, so werdet ihr finden; klopfet an, so wird euch aufgetan. Denn wer da bittet, der empfängt; und wer da sucht, der findet; und wer da anklopft, dem wird aufgetan. Wer ist unter euch Menschen, der seinem Sohn, wenn er ihn bittet um Brot, einen Stein biete? oder, wenn er ihn bittet um einen Fisch, eine Schlange biete? Wenn nun ihr, die ihr doch böse seid, dennoch euren Kindern gute Gaben geben könnt, wieviel mehr wird euer Vater im Himmel Gutes geben denen, die ihn bitten! *(Mt 7,7-11)*

Wenn Gott so allwissend und allmächtig ist, warum will er dann, daß wir ihn bitten? Wenn seine Liebe für uns so vollkommen ist, warum gibt er uns nicht, was wir brauchen, ohne daß wir etwas sagen?

Gott hat diesen Weg gewählt, denn durch das Bitten zeigen wir unseren

Glauben an seine Liebe. Wir sagen, daß er der allmächtige Gott ist, für den nichts unmöglich ist und der uns geben will. Tag für Tag ist er der Herr, der Wunder tut, kleine und große. Das heißt, wir erwarten, daß er auf übernatürliche Weise in unsere Angelegenheiten eingreift, als Antwort auf unsere Gebete.

Offensichtlich hängt die Antwort auf dein Gebet von deinem Glauben ab. Es dreht sich nicht darum, Jesus "Herr" zu nennen; zu sagen, er sei allmächtig; oder formelhafte Gebete zu sprechen, die mit dem Satz "im Namen Jesu" enden. Es sind Gebete des Herzens, die Gott zu erhören verspricht. Er wird den Glauben deines Herzens immer ehren; er erhört, was du wirklich glaubst. Das hat er versprochen.

Der Glaube, mit dem du betest, hängt sehr von deiner Vorstellung von Jesus ab und damit davon, was du ihm zutraust. Deswegen ist es so wichtig, die Offenbarung von Gottes Wort in deinem Herzen zu empfangen. Sieh dir die Wahrheiten an, die den Glauben ausmachen:

Du gehörst zu Gottes auserwähltem Volk!
Er ist dein persönlicher Gott.
Er verspricht dir, daß dein Glauben und dein Leben eins werden.
Wenn du ihn ehrst, wirst du seine Heiligkeit und Stärke kennenlernen.
Dies wird dir und deinen Kindern zum Segen gereichen.
Er hat einen unlösbaren Bund mit dir geschlossen.
In diesem Bund hat er dir versprochen, daß er niemals aufhören wird, dir Gutes zu tun.
Er wird dich lehren, ihn zu ehren und in einer vertrauensvollen Beziehung zu ihm zu bleiben.
Es macht ihm Freude, dich zu beschenken.
Es ist sein Herzensanliegen, daß du seinen - und deinen - ganzen Reichtum entdeckst.

Was für ein Gott!
Es ist hilfreich, einige Passagen der Bibel auf diese Weise genauer anzusehen und aufzuschreiben, was Gott über dich und über seine Liebe zu dir sagt.

Er will, daß du weißt, daß er der Herr ist, nicht nur mit deinem Kopf, sondern auch in deinem Herzen. Er will, daß du glaubst, daß er allmächtig in die Umstände deines Lebens eingreifen kann, daß ihm nichts unmöglich ist. Dies ist sehr viel mehr als nur in einem akademischen Sinne zu glauben, daß er der allmächtige Gott ist. Es bedeutet eher, daß du auf seine Kraft und Macht in den täglichen Umständen deines Lebens vertraust. **Amen, Lob und Ehre und Weisheit und Dank und Preis und Kraft und Stärke sei unserm Gott von Ewigkeit zu Ewigkeit! Amen** *(Off 7,12)*.

Jesus möchte jetzt zu deinem Herzen sprechen und dir versichern, daß für ihn nichts zu schwer ist. Glaube ihm.

MEDITATION: ―――――――

Siehe, ich, der Herr, bin der Gott alles Fleisches, sollte mir etwas unmöglich sein? *(Jer 32,27)*

Ich werde sein, der ich sein werde. *(2.Mose 3,14)*

Ich bin der Herr, dein Gott. *(5.Mose 5,6)*

LOB:

Der Herr ist nahe allen, die ihn anrufen, allen, die ihn ernstlich anrufen. Er tut, was die Gottesfürchtigen begehren, und hört ihr Schreien und hilft ihnen. *(Ps 145,18-19)*

10. ICH BIN DAS LICHT DER WELT

Der Herr ist mein Licht und mein Heil; vor wem sollte ich mich fürchten? *(Ps 27,1)*

Herr, ich möchte, daß dein Licht durch mein Leben hindurch scheint.

LESUNG: Johannes 12,35-36

Da sprach Jesus zu ihnen: Es ist das Licht noch eine kleine Zeit bei euch. Wandelt, solange ihr das Licht habt, damit euch die Finsternis nicht überfalle. Wer in der Finsternis wandelt, der weiß nicht, wo er hingeht. Glaubt an das Licht, solange ihr es habt, damit ihr Kinder des Lichtes werdet. Solches redete Jesus und ging weg und verbarg sich vor ihnen.

Jesus kam als Licht in die geistliche Finsternis der Welt. **Das war das wahre Licht, das alle Menschen erleuchtet, die in diese Welt kommen** *(Joh 1,9)*. Es war jedoch nicht jeder bereit, das Licht zu empfangen.

Das ist aber das Gericht, daß das Licht in die Welt gekommen ist, und die Menschen liebten die Finsternis mehr als das Licht, denn ihre Werke waren böse. Wer Böses tut, der haßt das Licht und kommt nicht zu dem Licht, damit seine Werke nicht aufgedeckt werden. Wer aber die Wahrheit tut, der kommt zu dem Licht, damit offenbar wird, daß seine Werke in Gott getan sind *(Joh 3,19-21)*.

Johannes teilt mit, was er Jesus lehren hörte: **Und das ist die Botschaft, die wir von ihm gehört haben und euch verkündigen: Gott ist Licht, und in ihm ist keine Finsternis** *(1.Joh 1,5)*. Wir sollen im Licht leben als Kinder des Lichtes. Wir sollen zu unseren Taten oder Worten stehen können und sie nicht im Schutz der Finsternis verstecken müssen.

Sünde wird oft in der Dunkelheit und im Verborgenen getan. Bei einem Christen kann alles aufgedeckt sein, was er tut, denn er möchte, daß Jesu Licht in jeden Bereich seines Lebens hineinscheint.

Der heilige Geist dringt immer tiefer in das Leben eines Gläubigen ein. An der Oberfläche mag alles in Ordnung scheinen, aber es gibt Bereiche, in denen Finsternis, Sünde, Furcht und Nöte unter der Oberfläche verborgen sind. Diese Art des Gebets hat ihren Wert darin, daß Gottes Wahrheit bis in unser Unterbewußtsein eindringen kann. Der Heilige Geist nimmt das Wort und spricht es zu deinem Geist, dem tiefsten, innersten Bereich deines Seins. Seine Wahrheit, sein Leben, sein Licht können dann auf dein Denken ausstrahlen und dein Handeln zum Guten beeinflussen.

Nicht nur dein Denken muß verwandelt und unter die Herrschaft Jesu ge-

bracht werden, sondern jeder Bereich deines Lebens. Das Wort und der Geist bereinigen jene Bereiche von Unglauben, von Vorbehalten gegenüber anderen, von Bitterkeit, falschen Motiven und Wünschen und bringen Gottes Licht und Ganzheit in dein Leben. **Wenn dein Wort offenbar wird, so erfreut es und macht klug die Unverständigen** *(Ps 119,130)*. Das ist ein allmählicher Prozeß.
Wer seinen Bruder liebt, der bleibt im Licht, und durch ihn kommt niemand zu Fall *(1.Joh 2,10)*. Der Herr wünscht sich, dich von allem zu reinigen, was nicht aus der Liebe ist, so daß du voller Licht sein kannst und lebst, wie Jesus es tat.
Es ist gut, wenn du jemanden hast, der dich liebt, dem du vertrauen kannst, mit dem du "im Licht wandeln" kannst, indem du dein Herz, deine Probleme und Nöte mit ihm teilst. Es sollte jemand sein, der dich nicht zurückweist oder richtet, egal was du ihm auch über dich offenbaren magst; sondern jemand, der dich annimmt und ermutigt, der für dich betet und mit dir in einer Einheit des Glaubens steht.
Fürchte dich nicht, das, was in der Dunkelheit versteckt ist, in das Licht Christi zu bringen. Du wirst keine Verurteilung oder Ablehnung finden, sondern Liebe, Gnade und Barmherzigkeit warten auf dich, denn **der Herr wird dein ewiges Licht und dein Gott wird dein Glanz sein** *(Jes 60,19)*.
Höre, wie Jesus dir versichert, daß er das Licht des Lebens in deinem Leben ist. Er wird dich niemals in Finsternis leiten. Ihm zu folgen, heißt, dem Licht zu folgen und im Licht zu leben. Er wird dir den Weg erleuchten mit seiner Liebe, seiner Freude und seinem Frieden.

MEDITATION:

Ich bin das Licht der Welt. Wer mir nachfolgt, der wird nicht wandeln in der Finsternis, sondern wird das Licht des Lebens haben. *(Joh 8,12)*

Der Herr wird dein ewiges Licht und dein Gott wird dein Glanz sein.
(Jes 60,19)

Gott ist Licht, und in ihm ist keine Finsternis. *(1.Joh 1,5)*

LOB:

Licht ist dein Kleid, das du anhast. *(Ps 104,2)*

11. ICH BIN DER WEG, DIE WAHRHEIT UND DAS LEBEN

Denn wie der Vater das Leben hat in sich selber, so hat er auch dem Sohn gegeben, das Leben zu haben in sich selber. *(Joh 5,26)*

Jesus, du bist mein Leben.

LESUNG: Johannes 14,6-10

Jesus antwortete: Ich bin der Weg und die Wahrheit und das Leben; niemand kommt zum Vater denn durch mich. Wenn ihr mich erkannt habt, so werdet ihr auch meinen Vater erkennen. Und von nun an kennt ihr ihn und habt ihn gesehen. Spricht zu ihm Philippus: Herr, zeige uns den Vater, und es genügt uns. Jesus spricht zu ihm: So lange bin ich bei euch, und du kennst mich nicht, Philippus? Wer mich sieht, der sieht den Vater! Wie sprichst du dann: Zeige uns den Vater? Glaubst du nicht, daß ich im Vater bin und der Vater in mir? Die Worte, die ich zu euch rede, die rede ich nicht von mir selbst aus. Und der Vater, der in mir wohnt, der tut seine Werke.

Manche sagen: 'Es gibt viele verschiedene Wege zu Gott'; andere: 'Jeder wird in den Himmel kommen'. Beide Überzeugungen widersprechen dem, was Jesus sagt - und er dürfte es wissen, denn er ist vom Himmel gesandt. Niemand, der in dieser Welt geboren wurde, kam vom Himmel und weiß, wie es dort ist, außer Jesus. Menschen stellen nur deshalb solche Behauptungen auf, weil sie nicht verstehen, daß Gott heilig und gerecht, und der Mensch von Natur aus sündig ist. Niemand kann vor dem Vater bestehen ohne einen Erlöser; und Jesus ist unser einziger Retter. Er ist der einzige, der sein Leben dem Vater als heiliges, gerechtes und sündloses Opfer dargebracht hat um unseretwillen. Es ist allein durch ihn und sein Opfer am Kreuz möglich, daß du oder irgend jemand anders zum Vater kommen kann.

Denn Jesus ist der einzige Weg zum Vater; und zwar nicht erst nach dem Tod, sondern schon jetzt.

Viele andere behaupten, die Wahrheit zu kennen; aber nur Jesus macht eine solche Beziehung zu Gott möglich - und das jetzt. Nur durch Jesus ist es möglich, ewiges Leben zu empfangen - jetzt. Nur durch Jesus gibt der Vater das Geschenk seines Königreiches - jetzt. Nur durch Jesus werden Menschen geheilt und wird ihren Nöten begegnet - jetzt. Himmel und Erde werden vergehen, aber die Worte Jesu bleiben für immer, denn es sind Worte der Wahrheit - und die Wahrheit ist immer die Wahrheit. Sie ändert sich nicht.

Manche modernen Denker möchten die Worte Jesu umwandeln, um ihre eigenen Ideen zu stützen. Sie sehen die Bibel als veraltet an. Aber ihre Meinungen führen andere nicht dahin, ein neues Leben, das Geschenk von Gottes Königreich und die heilende Kraft des Heiligen Geistes zu empfangen: **Ich bin der Herr, der von Gerechtigkeit redet und verkündigt, was recht ist** *(Jes 45,19)*. Anstatt unsere Meinung gegen die Wahrheit zu stellen, ist es nötig, daß wir unsere Herzen und unseren Verstand vor der Offenbarung von Gottes Wahrheit beugen. Dann sind wir fähig, all das zu empfangen, was Jesus uns geben wird.

Das neue Leben in dir ist das Leben Jesu. Er gab sein Leben für dich, damit du sein Leben empfängst, und allein durch ihn kann Gottes Absicht mit deinem Leben erfüllt werden.

Du bist durch Jesus zum Vater gekommen. Er hat dir sein Heil geschenkt. Du kannst nun seinen Weg gehen, dich an seine Wahrheit halten und dich an dem Leben erfreuen, das er allein geben kann.

MEDITATION:

Ich bin der Weg und die Wahrheit und das Leben; niemand kommt zum Vater denn durch mich. *(Joh 14,6)*

Ich gebe ihnen das ewige Leben, und sie werden nimmermehr umkommen, und niemand wird sie aus meiner Hand reißen. *(Joh 10,28)*

Ich bin der Herr, der von Gerechtigkeit redet und verkündigt, was recht ist. *(Jes 45,19)*

LOB:

Denn bei dir ist die Quelle des Lebens. *(Ps 36,10)*

12. ICH BIN DAS BROT DES LEBENS

Schafft euch Speise, die nicht vergänglich ist, sondern die bleibt zum ewigen Leben. Die wird euch der Menschensohn geben; denn auf ihm ist das Siegel Gottes des Vaters. *(Joh 6,27)*

Jesus, bitte ernähre mich mit deinen Worten des Lebens.

LESUNG: Johannes 6,35-40

Jesus aber sprach zu ihnen: Ich bin das Brot des Lebens. Wer zu mir kommt, den wird nicht hungern; und wer an mich glaubt, den wird nimmermehr dürsten. Aber ich habe euch gesagt: Ihr habt mich gesehen und glaubt doch nicht. Alles, was mir mein Vater gibt, das kommt zu mir; und wer zu mir kommt, den werde ich nicht hinausstoßen. Denn ich bin vom Himmel gekommen, nicht damit ich meinen Willen tue, sondern den Willen dessen, der mich gesandt hat. Das ist aber der Wille dessen, der mich gesandt hat, daß ich nichts verliere von allem, was er mir gegeben hat, sondern daß ich's auferwecke am Jüngsten Tage. Denn das ist der Wille meines Vaters, daß, wer den Sohn sieht und glaubt an ihn, das ewige Leben habe; und ich werde ihn auferwecken am Jüngsten Tage.

Jesus ist das Brot des Lebens. Seine Worte in sich aufzunehmen heißt, ihn selbst in sich aufzunehmen. Wenn du sein Wort des ewigen Lebens empfängst, empfängst du ihn. Er allein kann dir die Nahrung geben, die für immer bleibt.

Jesus wird niemals diejenigen zurückweisen, die auf den Ruf seines Vaters antworten. Wenn wir unser Vertrauen auf ihn setzen, nimmt uns der Vater und versetzt uns in seinen Sohn. Er ernährt uns dann mit wahrer, geistlicher Speise.

Er gibt uns Worte des Lebens, der Kraft und der Heilung. Mit seinen Worten gespeist zu werden bedeutet, Jesus selbst in sich aufzunehmen.

Jedesmal, wenn wir das Heilige Abendmahl feiern und dieses letzte Mahl Jesu wiederholen, verkünden wir all das, was sein Tod bedeutet und was er damit für uns erworben hat. Wir können erneut hineingehen in die Fülle des Lebens, das er möglich gemacht hat, indem wir ihm erneut unser Leben übergeben und zulassen, daß er sich uns erneut schenkt. Jesus sagte: **Wahrlich, wahrlich, ich sage euch: Wenn ihr nicht das Fleisch des Menschensohns eßt und sein Blut trinkt, so habt ihr kein Leben in euch. Wer mein Fleisch ißt und mein Blut trinkt, der hat das ewige Leben, und ich werde ihn am Jüngsten Tage auferwecken. Denn mein Fleisch ist die** wahre Speise, und mein Blut ist der wahre Trank. Wer mein Fleisch ißt und mein Blut trinkt, der bleibt in mir und ich in ihm. Wie mich der lebendige Vater gesandt hat und ich lebe um des Vaters willen, so wird auch, wer mich ißt, leben um meinetwillen. Dies ist das Brot, das vom Himmel gekommen ist. Es ist nicht wie bei den Vätern, die gegessen haben und gestorben sind. Wer dies Brot ißt, der wird leben in Ewigkeit *(Joh 6,53-58).*

Der Herr möchte dich mit seinen Worten, dem Geist und dem Leben, das sie enthalten, ernähren. Er möchte, daß du in der Kraft des Kreuzes lebst und weißt: Weil Jesus seinen Leib gegeben hat, hat er jede Voraussetzung geschaffen, damit es mir körperlich und materiell gut geht. Indem er sein Blut vergossen hat, hat er für alle meine geistlichen Bedürfnisse gesorgt, hat mich gereinigt von Sünde und jegliche Macht des Feindes gebrochen.

Jesus ist das Brot deines Lebens. Ernähre dich damit, wann immer du das Abendmahl empfängst. Ernähre dich damit, wenn er sein Wort jetzt zu dir spricht. Du wirst niemals mehr hungrig oder durstig sein, denn in seiner Liebe sorgt er für dich. Er will jeden Mangel beheben, sei er geistlicher oder materieller Natur.

MEDITATION:

Ich bin das Brot des Lebens. Wer zu mir kommt, den wird nicht hungern; und wer an mich glaubt, den wird nimmermehr dürsten.
(Joh 6,35)

Ich bin das lebendige Brot, das vom Himmel gekommen ist. *(Joh 6,51)*

Wenn jemand meine Stimme hören wird und die Tür auftun, zu dem werde ich hineingehen und das Abendmahl mit ihm halten und er mit mir. *(Off 3,20)*

LOB:

Aller Augen warten auf dich, und du gibst ihnen ihre Speise zur rechten Zeit. Du tust deine Hand auf und sättigst alles, was lebt, nach deinem Wohlgefallen. *(Ps 145,15-16)*

13. Ich bin der gute Hirte

Die Schafe hören seine Stimme; und er ruft seine Schafe mit Namen und führt sie hinaus. *(Joh 10,3)*

Jesus, du bist mein Hirte; ich möchte deine Stimme kennen und dir folgen.

LESUNG: Johannes 10,14-18

Ich bin der gute Hirte und kenne die Meinen, und die Meinen kennen mich, wie mich mein Vater kennt und ich kenne den Vater. Und ich lasse mein Leben für die Schafe. Und ich habe noch andere Schafe, die sind nicht aus diesem Stall; auch sie muß ich herführen, und sie werden meine Stimme hören, und es wird eine Herde und ein Hirte werden. Darum liebt mich mein Vater, weil ich mein Leben lasse, daß ich's wiedernehme. Niemand nimmt es von mir, sondern ich selber lasse es. Ich habe Macht, es zu lassen, und habe Macht, es wiederzunehmen. Dies Gebot habe ich empfangen von meinem Vater.

Die Aufgabe eines Hirten ist es, für seine Schafe zu sorgen. In Ländern wie Israel tut der Hirte das, indem er die Schafe viele Kilometer am Tag führt, um genügend Futter zu finden. David sagt in Psalm 23,1-3: **Der Herr ist mein Hirte, mir wird nichts mangeln. Er weidet mich auf einer grünen Aue und führt mich zum frischen Wasser. Er erquicket meine Seele. Er führet mich auf rechter Straße um seines Namens willen.**

Ein guter Hirte sorgt für die Bedürfnisse seiner Herde, indem er verantwortungsbewußt führt. Gott klagt jedoch, daß die Menschen, die er als Hirten für Israel ausersehen hat, in dieser Aufgabe versagt haben: **Sollen die Hirten nicht die Herde weiden? (...) Das Schwache stärkt ihr nicht, und das Kranke heilt ihr nicht, das Verwundete verbindet ihr nicht, das Verirrte holt ihr nicht zurück, und das Verlorene sucht ihr nicht** *(Hes 34,2-4)*.

Darum verspricht der Herr, daß er selbst der Hirte seines Volkes sein will: **Siehe, ich will mich meiner Herde selbst annehmen und sie suchen. Ich selbst will meine Schafe weiden, und ich will sie lagern lassen, spricht Gott der Herr** *(Hes 34,11+15-16)*.

Jesus erfüllt diese Verheißung, wenn er als der gute Hirte kommt, der sein Leben hingibt für die Schafe. Soweit reicht seine Liebe. Wenn du auf die reiche Weide geführt werden sollst, die Jesus sich für dich wünscht, ist es wichtig, daß du seine Stimme erkennst. Schafe - im Gegensatz zu Ziegen - sind bereit, zu hören und zu folgen.

Die nicht zu ihm gehören, erkennen weder seine Stimme, noch hören sie auf seine Worte. Sie sind nicht daran interessiert, ihm zu folgen, und so verlieren sie das reiche Erbe, das denen gehört, die den Herrn lieben.

Jesus hat sein Leben für alle hingegeben - für diejenigen, die ihm folgen, und für die, die es nicht tun. Jene, die sich im Glauben zu ihm wenden, sind fähig, den Segen seiner großen Liebe zu empfangen. Sie wissen, daß sie persönlich geliebt sind und daß der Hirte sie mit Namen gerufen hat. Sie gehören zu ihm und sind bereit, ihm zu folgen. **Meine Schafe hören meine Stimme, und ich kenne sie, und sie folgen mir; und ich gebe ihnen das ewige Leben, und sie werden nimmermehr umkommen, und niemand wird sie aus meiner Hand reißen** *(Joh 10,27)*.

Du hast die Gewißheit, daß Jesus dich persönlich mit deinem Namen gerufen hat. Du gehörst ihm. Was für David wahr war, gilt heute auch für dich; deshalb kannst du sagen: **Der Herr ist mein Hirte, mir wird nichts mangeln** *(Ps 23,1)*.

Höre jetzt sein Wort für dich, empfange es in deinem Herzen. Freue dich daran, daß Jesus dich persönlich kennt und daß du ihn kennst, daß er sein Leben für dich dahingegeben hat, damit du die Fülle seines Lebens empfängst.

MEDITATION:

Ich bin der gute Hirte und kenne die Meinen, und die Meinen kennen mich. *(Joh 10,14)*

Meine Schafe hören meine Stimme, und ich kenne sie, und sie folgen mir. *(Joh 10,27)*

Der Herr ist mein Hirte, mir wird nichts mangeln. *(Ps 23,1)*

LOB:

Gott rüstet mich mit Kraft und macht meine Wege ohne Tadel.
(Ps 18,33)

14. ICH BIN DIE AUFERSTEHUNG UND DAS LEBEN

Denn wie der Vater das Leben hat in sich selber, so hat er auch dem Sohn gegeben, das Leben zu haben in sich selber. *(Joh 5,26)*

Danke, Vater, für dein Geschenk des ewigen Lebens an mich.

LESUNG: 1. Petrus 1,3-9

Gelobt sei Gott, der Vater unseres Herrn Jesus Christus, der uns nach seiner großen Barmherzigkeit wiedergeboren hat zu einer lebendigen Hoffnung durch die Auferstehung Jesu Christi von den Toten, zu einem unvergänglichen und unbefleckten und unverwelklichen Erbe, das aufbewahrt wird im Himmel für euch, die ihr aus Gottes Macht durch den Glauben bewahrt werdet zur Seligkeit, die bereit ist, daß sie offenbar werde zu der letzten Zeit. Dann werdet ihr euch freuen, die ihr jetzt eine kleine Zeit, wenn es sein soll, traurig seid in mancherlei Anfechtungen, damit euer Glaube als echt und viel kostbarer befunden werde als das vergängliche Gold, das durchs Feuer geläutert wird, zu Lob, Preis und Ehre, wenn offenbart wird Jesus Christus. Ihn habt ihr nicht gesehen und habt ihn doch lieb; und nun glaubt ihr an ihn, obwohl ihr ihn nicht seht; ihr werdet euch aber freuen mit unaussprechlicher und herrlicher Freude, wenn ihr das Ziel eures Glaubens erlangt, nämlich der Seelen Seligkeit.

Als Gott Jesus von den Toten auferweckte, erweckte er mit ihm auch alle die Menschen, die an Jesus glauben. In Christus bist du zu einem neuen siegreichen Leben auferstanden. Gott sieht dich bereits mit Jesus in seinem himmlischen Reich sitzen. **Und er hat uns mit auferweckt und mit eingesetzt im Himmel in Christus Jesus** *(Eph 2,6)*.

Das bedeutet nicht, daß deine leibliche Auferstehung schon stattgefunden hat, aber der Herr will, daß du die Gewißheit deiner Errettung hast, daß du weißt, er sieht schon als vollendet an, was du jetzt noch nicht siehst.

Ein Christ braucht sich vor dem Tod nicht zu fürchten. Sicher weiß er nicht, wie es ist zu sterben, noch hat er erlebt, was nach dem Tod kommt, bis er selbst körperlich stirbt. Doch er weiß, der Tod ist nicht das Ende seiner Existenz, sondern nur die Schwelle zu einer größeren Offenbarung Gottes und seiner Herrlichkeit. Was er begonnen hat, sich jetzt im Glauben anzueignen, wird er dann völlig erkennen. Das Leben im Reich Gottes - hier nur bruchstückhaft erfahrbar - wird dann ganz offenbar sein.

So können wir wie Paulus sagen: Es ist besser zu sterben und beim Herrn zu sein, aber nicht vor der von Gott gesetzten Zeit. Wir brauchen weder Tod noch Gericht zu fürchten: **Wahrlich, wahrlich, ich sage euch: Wer mein Wort hört und glaubt dem, der mich gesandt hat, der hat das ewige Leben und kommt nicht in das Gericht, sondern er ist vom Tode zum Leben hindurchgedrungen** *(Joh 5,24)*.

Dennoch müssen wir über unsere "Haushaltsführung" Rechenschaft ablegen, darüber, wie wir das geistliche und materielle "Kapital" eingesetzt haben, das Gott uns zur Verfügung gestellt hat. Er möchte nicht, daß wir seine Gaben vergeuden, sondern daß wir unsere Möglichkeiten voll ausschöpfen.

Das geschieht dann, wenn wir im Sieg seines Kreuzes und seiner Auferstehung leben. Du sollst leben in der Kraft, die du als Gläubiger besitzt, die Paulus beschreibt als die überschwenglich große Macht an uns, die wir glauben *(Eph 1,19)*.

Furcht braucht dein Leben nicht zu beherrschen, denn du bist ein Kind Gottes, gerufen, im Glauben zu leben. **Denn was ich jetzt lebe im Fleisch, das lebe ich im Glauben an den Sohn Gottes, der mich geliebt hat und sich selbst für mich dahingegeben** *(Gal 2,20)*.

Dein Erbe kann niemals zugrunde gehen, geraubt oder vernichtet werden. Es ist für dich im Himmel aufbewahrt. Dein Glaube ist kostbarer als Gold, und das Ergebnis dieses Glaubens ist immerwährende Herrlichkeit. Du kannst den Sieg des Glaubens jetzt in deinem Leben erfahren und dir zugleich deiner endgültigen Annahme durch Gott gewiß sein, auch über den Tod hinaus. Du wirst das Ziel deines Glaubens erreichen, die Rettung deiner Seele.

Eines der traurigsten Dinge ist es, Menschen zu sehen, die alt werden, ohne Jesus zu kennen; zu beobachten, wie Menschen dem Tod ins Auge sehen mit einer großen Ungewißheit, was danach kommen mag. Du kannst dankbar sein, daß du niemals ohne Jesus zu leben brauchst, weder in diesem Leben noch nach dem Tod. Du kannst dich daran erfreuen, daß Jesus deine Auferstehung und dein Leben ist. Und du kannst die Gelegenheiten ergreifen, anderen Jesus als Erlöser und Herrn zu verkündigen.

Höre nun, wie er sein Wort der Wahrheit zu dir spricht.

MEDITATION:

Ich bin die Auferstehung und das Leben. *(Joh 11,25)*

Wer mein Wort hört und glaubt dem, der mich gesandt hat, der hat das ewige Leben. *(Joh 5,24)*

Wer mein Fleisch ißt und mein Blut trinkt, der hat das ewige Leben, und ich werde ihn am Jüngsten Tage auferwecken. *(Joh 6,54)*

LOB:

Sein Lob bleibet ewiglich. *(Ps 111,10)*

TEIL 3

DEIN LEBEN IN CHRISTUS

15. SIEH DICH SELBST IN CHRISTUS

Durch ihn (Gott) aber seid ihr in Christus Jesus, der uns von Gott gemacht ist zur Weisheit und zur Gerechtigkeit und zur Heiligung und zur Erlösung. *(1.Kor 1,30)*

Heiliger Geist, bitte gib mir die Erkenntnis, daß ich in Christus bin.

LESUNG: 1. Johannes 4,13-15

Daran erkennen wir, daß wir in ihm bleiben und er in uns, daß er uns von seinem Geist gegeben hat. Und wir haben gesehen und bezeugen, daß der Vater den Sohn gesandt hat als Heiland der Welt. Wer nun bekennt, daß Jesus Gottes Sohn ist, in dem bleibt Gott und er in Gott.

Gott hat sich entschlossen, dein Leben zu ergreifen und dich in Christus Jesus zu versetzen, damit du in ihm leben kannst. Du hättest niemals solch ein Vorrecht verdient, noch könntest du dir jemals den Weg in eine solche Position erarbeiten. Dein himmlischer Vater hat sich aus freien Stücken dazu entschlossen, dich zu seinem Kind zu machen und dich in seinen Sohn zu versetzen - aufgrund seiner souveränen Entscheidung bist du in Christus Jesus.

Du mußt dich nicht abmühen, um in Jesus zu sein. Durch Gottes Gnade bist du bereits in ihm. Du brauchst kein höheres geistliches Niveau zu erreichen, bevor du "in Christus" sein kannst. "In Christus" versetzt dich der Vater zu Beginn deines Christseins.

Er sieht dich "in Christus", und er möchte, daß du dich selbst "in Christus" siehst.

Wie kannst du aber wissen, daß du in ihm bist? Johannes beantwortet diese Frage: Wenn du glaubst, daß Jesus der Sohn Gottes ist, der am Kreuz starb, um dich von deinen Sünden zu befreien, ist das das Zeichen, daß Gott in dir lebt und du in Gott. Du glaubst, daß Jesus nicht nur ein guter Mensch, ein großer Prophet oder Lehrer war; er war Gott in Menschengestalt, der sein Leben für dich gab, um dein Heiland zu sein.

Wenn du ihm als dem Herrn dein Leben übergibst, bist du von neuem geboren, und Gottes Geist kommt, um in dir zu leben. Das Geschenk des Heiligen Geistes empfangen zu haben, ist der eindeutige Beweis, daß er dich liebt, dir vergibt, dich annimmt, und daß er es für dich möglich gemacht hat, in ihm zu leben, und für sich, in dir zu leben. **Daran erkennen wir, daß wir in ihm bleiben und er in uns, daß er uns von seinem Geist gegeben hat** *(1.Joh 4,13).*

Du lebst jeden Tag in Christus, und dir stehen all seine himmlischen Reichtümer zur Verfügung.
Wenn du weißt, daß du in Christus bist, dann akzeptierst du ihn als Gottes Wahrheit. Du kannst vor dem gerechten Gott nicht aus dir selbst gerecht sein; Jesus ist deine Gerechtigkeit. Gott sieht dich in seinem geliebten Sohn, bekleidet mit seiner Gerechtigkeit, annehmbar und wertvoll gemacht durch ihn.
Jesus ist deine Heiligkeit, er hat dich eins gemacht mit dem heiligen Vater.
Er ist deine Erlösung; er hat den Preis für dich mit seinem eigenen Blut bezahlt, damit du für ewig seinem Vater gehören sollst.
Da du in Christus bist, ist alles, was er ist oder hat, dein Eigentum. Höre, wie er jetzt seine Worte zu dir spricht.

MEDITATION:

Durch ihn aber seid ihr in Christus Jesus. *(1.Kor 1,30)*

Denn in ihm leben, weben und sind wir. *(Apg 17,28)*

Ihr seid durch ihn in allen Stücken reich gemacht, in aller Lehre und in aller Erkenntnis. *(1.Kor 1,5)*

LOB:

Lobe den Herrn, meine Seele, und vergiß nicht, was er dir Gutes getan hat: der dir alle deine Sünde vergibt und heilet alle deine Gebrechen, der dein Leben vom Verderben erlöst, der dich krönet mit Gnade und Barmherzigkeit. *(Ps 103,2-4)*

16. DEIN ERBE IN CHRISTUS

Sind wir aber Kinder, so sind wir auch Erben, nämlich Gottes Erben und Miterben Christi. *(Röm 8,17)*

Vater, laß mich im Bewußtsein des reichen Erbes leben, das du mir in Christus gegeben hast.

LESUNG: Epheser 1,3-6

Gelobt sei Gott, der Vater unseres Herrn Jesus Christus, der uns gesegnet hat mit allem geistlichen Segen im Himmel durch Christus. Denn in ihm hat er uns erwählt, ehe der Welt Grund gelegt war, daß wir heilig und untadelig vor ihm sein sollten; in seiner Liebe hat er uns dazu vorherbestimmt, seine Kinder zu sein durch Jesus Christus nach dem Wohlgefallen seines Willens, zum Lob seiner herrlichen Gnade, mit der er uns begnadet hat in dem Geliebten.

Da du in Christus Jesus bist, kann dich nichts trennen von Gottes Liebe. Jesus sagt, daß der Vater und der Sohn gekommen sind, um Wohnung bei dir zu nehmen *(Joh 14,23)*. Du lebst in ihm, und er lebt in dir. Dir stehen alle Vorrechte des Himmels zur Verfügung; alles, was Gott Christus gegeben hat, hat er dir gegeben, denn auch du bist sein Kind und Jesus ist dein Bruder.

Du wurdest gerettet, indem du dein Vertrauen in das gesetzt hast, was Jesus für dich am Kreuz tat. Du glaubtest an Gottes Gnade, daran, daß er bereit war, dich zu segnen, obwohl du es nicht verdient hattest.

In derselben Weise lernst du, dein Erbe in Christus durch den Glauben für dich fruchtbar zu machen. Es ist möglich, in Christus zu leben, ohne das reiche Erbe in Anspruch zu nehmen, das dir durch ihn gehört. Gott will, daß dein Leben ein ständiges Sichausstrecken zum Himmel ist, damit du dir nimmst, was du von seinen Reichtümern benötigst.

Da du in Christus bist, hat er dir bereits jeglichen Segen gegeben, den der Himmel bieten kann! Das heißt nicht, daß du jede Segnung schon empfangen oder in Anspruch genommen hast, aber er hat sie dir prinzipiell schon zuteil werden lassen. Er hat dir in Christus völlige Heilung an Leib, Seele und Geist gegeben; deshalb kann Paulus mit Bestimmtheit sagen: **Mein Gott aber wird all eurem Mangel abhelfen nach seinem Reichtum in Herrlichkeit in Christus Jesus** *(Phil 4,19)*.

Du kannst zuversichtlich sein, daß all deinen Nöten begegnet wird, denn sie sind bereits in Jesus behoben *worden*. Du lebst in ihm, der zu jeder Zeit und in jeder Situation alle hat, was dir nötig ist. **Gott aber kann machen, daß** alle Gnade unter euch reichlich sei, damit ihr in allen Dingen allezeit volle Genüge habt und noch reich seid zu jedem guten Werk *(2.Kor 9,8)*. Bist du dir dessen bewußt, daß dies Gottes Absicht für dein Leben ist? Höre diese Worte für *dich* persönlich. Der Vater unseres Herrn Jesus Christus hat *dich* mit jedem geistlichen Segen in Christus gesegnet. Gott möchte, daß *du* diese Wahrheit in deinem Herzen wieder und wieder hörst. Sage dir selbst beständig: Gott hat mich gesegnet mit jedem geistlichen Segen in Christus.

MEDITATION:

Gott ... hat uns gesegnet mit allem geistlichen Segen im Himmel durch Christus. *(Eph 1,3)*

Mein Gott aber wird all eurem Mangel abhelfen nach seinem Reichtum in Herrlichkeit in Christus Jesus. *(Phil 4,19)*

In ihm wohnt die ganze Fülle der Gottheit leibhaftig, und an dieser Fülle habt ihr teil in ihm. *(Kol 2,9-10)*

LOB:

Dem aber, der überschwenglich tun kann über alles hinaus, was wir bitten oder verstehen, nach der Kraft, die in uns wirkt, dem sei Ehre in der Gemeinde und in Christus Jesus zu aller Zeit, von Ewigkeit zu Ewigkeit! Amen. *(Eph 3,20-21)*

17. NIMM DEIN ERBE IM GLAUBEN AN

Und das ist die Zuversicht, die wir haben zu Gott: Wenn wir um etwas bitten nach seinem Willen, so hört er uns. *(1.Joh 5,14)*

Danke Herr, daß ich mich dir voller Vertrauen nähern kann.

LESUNG: Hebräer 10,19-23

Weil wir denn nun, liebe Brüder, durch das Blut Jesu die Freiheit haben zum Eingang in das Heiligtum, den er uns aufgetan hat als neuen und lebendigen Weg durch den Vorhang, das ist: durch das Opfer seines Leibes, und haben einen Hohenpriester über das Haus Gottes, so laßt uns hinzutreten mit wahrhaftigem Herzen in vollkommenem Glauben, besprengt in unsern Herzen und los von dem bösen Gewissen und gewaschen am Leib mit reinem Wasser. Laßt uns festhalten an dem Bekenntnis der Hoffnung und nicht wanken; denn er ist treu, der sie verheißen hat.

Angenommen, jemand hinterläßt dir eine Million DM, aber du weißt nichts von diesem Erbe. Es ist klar, daß du dieses Geld nicht ausgeben kannst. Sobald du jedoch über dieses Erbe informiert bist, kannst du es in Anspruch nehmen und es in der richtigen Weise gebrauchen.

Gott gibt dir keine Million DM, aber Millionen Segnungen: jeden Segen in Christus. Jetzt kannst du anfangen, dieses reiche Erbe in Anspruch zu nehmen. Wenn du auch bisher nichts davon wußtest, sollte es dir jetzt klar sein. Diese Segnungen tragen deinen Namen, und Gott wartet nur darauf, sie in deinem Leben verwirklicht zu sehen.

David kannte den Herrn, deshalb konnte er sagen: **Der Herr ist mein Hirte, mir wird nichts mangeln** *(Ps 23,1)*.

Der Herr ist *dein* Hirte, er wird dich niemals in Mangel hineinführen. Er wünscht, für dich zu sorgen und allen deinen Nöten zu begegnen, dich zum frischen Wasser zu führen, dein Inneres zu erquicken und dich auf dem richtigen Weg zu leiten. Er hat einen gedeckten Tisch für dich bereitet trotz all deiner Probleme und Schwierigkeiten. Er möchte, daß dein Becher überfließt, weil sein Segen auf deinem Leben liegt. Er lädt dich ein, von ihm zu nehmen, es macht im Freude, dich zu beschenken.

Manche Menschen nähern sich ihm nur versuchsweise, fragen: Liebt er mich wirklich? Ist er wirklich bereit, mir etwas zu geben? Damit bezweifeln sie seine Liebe und Gnade.

Du sollst mit Zuversicht in seine Gegenwart treten, mit **wahrhaftigem**

Herzen in vollkommenem Glauben. Wenn du im Vertrauen zu ihm kommst, erwartest du, von ihm das zu empfangen, worum du bittest, und stellst dir nicht vor, mit leeren Händen zurückgeschickt zu werden. **Und das ist die Zuversicht, die wir haben zu Gott: Wenn wir um etwas bitten nach seinem Willen, so hört er uns** *(1.Joh 5,14)*.

Manche kennen die himmlischen Segnungen gar nicht, andere nutzen durch Unglauben die Reichtümer nicht, die doch im Himmel für sie aufbewahrt werden. Der Herr möchte, daß du seine Segnungen in deinem täglichen Leben spürst. Sein Wort wird dir zeigen, was sein Wille ist, so daß du - wenn du seinem Wort gemäß betest - auch entsprechend seinem Willen betest.

Nun kannst du sehen, wie wichtig es ist, sein Wort in sich zu tragen, ihn zu hören, ihm zu glauben und ihn dann vertrauensvoll zu bitten, all deinen Nöten zu begegnen. **Von seiner Fülle haben wir alle genommen Gnade um Gnade** *(Joh 1,16)*.

Jesus spricht jetzt zu dir. Er lädt dich ein, nahe bei ihm zu sein, denn er liebt dich und möchte dir seine heilige Gegenwart offenbaren. Höre, wie er dich anspricht, und trage seine Gegenwart in die Welt.

MEDITATION:

Laßt uns hinzutreten mit wahrhaftigem Herzen in vollkommenem Glauben. *(Heb 10,22)*

Von seiner Fülle haben wir alle genommen Gnade um Gnade.
(Joh 1,16)

Darum laßt uns hinzutreten mit Zuversicht zu dem Thron der Gnade, damit wir Barmherzigkeit empfangen und Gnade finden zu der Zeit, wenn wir Hilfe nötig haben. *(Heb 4,16)*

LOB:

Wohl dem Volk, das jauchzen kann! Herr, sie werden im Licht deines Antlitzes wandeln. *(Ps 89,16)*

18. HÖRE UND GLAUBE

Wahrlich, wahrlich, ich sage euch: Wer mein Wort hört und glaubt dem, der mich gesandt hat, der hat das ewige Leben und kommt nicht in das Gericht, sondern er ist vom Tode zum Leben hindurchgedrungen.

(Joh 5,24)

Heiliger Geist, es ist wichtig für mich zu begreifen, daß ich gestorben bin und daß mein Leben nun verborgen ist mit Christus in Gott. Bitte sprich diese Wahrheit zu meinem Herzen.

LESUNG: Johannes 5,19-24

Da antwortete Jesus und sprach zu ihnen: Wahrlich, wahrlich, ich sage euch: Der Sohn kann nichts von sich aus tun, sondern nur, was er den Vater tun sieht; denn was dieser tut, das tut gleicherweise auch der Sohn. Denn der Vater hat den Sohn lieb und zeigt ihm alles, was er tut, und wird ihm noch größere Werke zeigen, so daß ihr euch verwundern werdet. Denn wie der Vater die Toten auferweckt und macht sie lebendig, so macht auch der Sohn lebendig, welche er will. Denn der Vater richtet niemand, sondern hat alles Gericht dem Sohn übergeben, damit sie alle den Sohn ehren, wie sie den Vater ehren. Wer den Sohn nicht ehrt, der ehrt den Vater nicht, der ihn gesandt hat. Wahrlich, wahrlich, ich sage euch: Wer mein Wort hört und glaubt dem, der mich gesandt hat, der hat das ewige Leben und kommt nicht in das Gericht, sondern er ist vom Tode zum Leben hindurchgedrungen.

Hast du das Geschenk des ewigen Lebens empfangen? Wenn du von neuem geboren bist, dann hast du es empfangen! Gott hat dich herausgenommen aus dem Reich der Finsternis, wo Satan regiert, und hat dich hineingebracht in das Reich seines geliebten Sohnes. Er hat dich in Christus hineinversetzt und dir ewiges Leben gegeben.

Paulus sagt deutlich, wann dieser Übergang stattfand: **In ihm seid auch ihr, die ihr das Wort der Wahrheit gehört habt, nämlich das Evangelium von eurer Seligkeit - in ihm seid auch ihr, als ihr gläubig wurdet, versiegelt worden mit dem heiligen Geist, der verheißen ist, welcher ist das Unterpfand unsres Erbes, zu unsrer Erlösung, daß wir sein Eigentum würden zum Lob seiner Herrlichkeit** *(Eph 1,13-14).*

Er wiederholt damit, was Jesus selbst lehrte. Wer seine Worte hört und glaubt, daß sie von Gott, dem Vater, durch seinen Sohn gesprochen sind, hat das ewige Leben. Er braucht nicht zu fürchten, verurteilt zu werden, von

Gott getrennt und von ihm verjagt zu werden. Er ist von der Finsternis zum Licht hinübergetreten, vom Tod zu Leben. Die Worte, die du glaubst, sind die Worte, durch die du lebst. Du bist vom Tod zu Leben hinübergetreten. Du bist deinem alten Leben, das du von Gott getrennt lebtest, gestorben: **Denn ihr seid gestorben, und euer Leben ist verborgen mit Christus in Gott** *(Kol 3,3)*. Du gehörst nicht länger zur Finsternis; du bist ein Kind des Lichts. Satan hat keinerlei Anspruch oder Autorität über dich, denn Jesus ist dein Herr. Du brauchst nicht zu fürchten, verurteilt zu werden; du bist ein Kind von Gottes Gnade.

Höre diese Worte der Wahrheit mit deinem Herzen, denn der Glaube entsteht, wenn wir in dieser Weise Gottes Wort hören. Es ist die Wahrheit über dich, diese Wahrheit muß jeden Teil deines Lebens durchdringen.

Da du in Gemeinschaft mit Gott, deinem Vater, lebst, ist es nicht möglich, etwas unabhängig von ihm zu tun, indem du es aus eigener Kraft anstrebst. Jesus sagt, daß der Sohn nichts aus sich selbst heraus tun kann, und er erinnert auch die Jünger daran, daß sie nichts ohne ihn tun können. Der Sohn gibt denen das Leben, denen er es geben will. Er hat dir das ewige Leben gegeben. Er will, daß du in seiner Kraft und dieser Wahrheit lebst, nicht losgelöst von ihm. **Laßt das Wort Christi reichlich unter euch wohnen** *(Kol 3,16)*.

Du magst es als schwierig empfinden, seine unendliche Gnade mit deinem Verstand zu begreifen, empfange die Wahrheit mit deinem Geist. Früher lebtest du von Gott getrennt. Diesem Leben bist du gestorben. Jetzt ist dein Leben verborgen mit Christus in Gott.

MEDITATION:

Denn ihr seid gestorben, und euer Leben ist verborgen mit Christus in Gott. *(Kol 3,3)*

Ohne mich könnt ihr nichts tun. *(Joh 15,5)*

Sind wir aber mit Christus gestorben, so glauben wir, daß wir auch mit ihm leben werden. *(Röm 6,8)*

LOB:

Gott, wie dein Name, so ist auch dein Ruhm bis an der Welt Enden. Deine Rechte ist voll Gerechtigkeit. *(Ps 48,11)*

19. DIE WAHRHEIT ÜBER DICH SELBST

Ist jemand in Christus, so ist er eine neue Kreatur; das Alte ist vergangen, siehe, Neues ist geworden. *(2.Kor 5,17)*

Herr, bitte hilf mir zu begreifen, daß ich von meiner Vergangenheit befreit bin und nun ein neues Leben führen kann.

LESUNG: Offenbarung 21,3-5

Und ich hörte eine große Stimme von dem Thron her, die sprach: Siehe da, die Hütte Gottes bei den Menschen! Und er wird bei ihnen wohnen, und sie werden sein Volk sein, und er selbst, Gott mit ihnen, wird ihr Gott sein; und Gott wird abwischen alle Tränen von ihren Augen, und der Tod wird nicht mehr sein, noch Leid noch Geschrei noch Schmerz wird mehr sein; denn das Erste ist vergangen.

Gottes Wort ist Wahrheit; darum ist es so wichtig, sein Wort zu lesen, es in sich aufzunehmen und den Geist, das Leben und die Wahrheit zu empfangen, die sein Wort enthält. Erinnere dich, wir sollen mit Gott übereinstimmen: Stimmst du ihm zu in dem, was er über dich sagt, und über alle, die in Christus sind, auch wenn du nicht vollkommen verstehst, was die Bibel meint? Stimme der Wahrheit über dich zu.
So gibt es nun keine Verdammnis für die, die in Christus Jesus sind *(Röm 8,1)*. Wir verdienen es, verurteilt zu werden, aber Gott hat uns in seiner liebenden Gnade angenommen. Wir dürfen nicht zulassen, daß der Feind uns mit Gefühlen der Verdammnis bedrückt. Gott hat uns in Christus hineinversetzt - und in ihm kann keine Verurteilung sein! Wir sind nicht von Gott zurückgewiesen; wir sind von ihm angenommen!

Christus lebt in mir, mein Geist ist durch seine Gerechtigkeit lebendig. Ich brauche mich nicht länger schuldig zu fühlen, denn Gott hat mich in seinen Augen gerecht gemacht. Christus is meine Gerechtigkeit, denn Gott hat mich in ihn hineinversetzt.
Ich brauche nicht mehr dem Fleisch gemäß zu handeln, sondern ich kann dem Geist entsprechend leben. Nach dem Fleisch zu leben, bedeutet Tod. Nur ein geistlich toter Mensch richtet seinen Sinn darauf, sich selbst zu gefallen und bei seinen eigenen Gefühlen, Zweifeln und Ängsten zu verweilen. Einklang und Gemeinschaft mit Gott sind nicht möglich, wenn das, was ich glaube und sage, Gottes Wort entgegensteht. Den Sinn auf den Geist zu richten, der mir Gottes Wort erklärt bringt Leben und Frieden.

Ich kann nun im Geist leben und nicht im Fleisch, denn der Geist Gottes wohnt in mir. Was zur alten Natur gehört, muß mein Leben nicht mehr länger bestimmen. Da das Alte tot ist, muß ich es nicht mehr bekämpfen. Ich verlasse mich darauf, daß es tot ist. Gott möchte, daß ich darauf vertraue und bezeuge, daß ich eine neue Kreatur in Christus bin. Ich bin eine neue Schöpfung. *Ich werde durch den Geist Gottes geleitet, denn ich bin ein Kind Gottes.* Da sein Geist mich leitet, kann ich im Vertrauen und in der Gewißheit leben, daß er mich den Weg führt, den er vorgesehen hat. Wenn ich beginne, von seinem Weg abzuweichen, werde ich schnell meinen Frieden verlieren, denn meine Gemeinschaft mit ihm ist beeinträchtigt.

Ich habe nicht den Geist der Knechtschaft empfangen, um abermals in Furcht zu geraten, sondern den Geist der Kindschaft. Jedesmal, wenn ich spreche, Abba, lieber Vater, ist es der Geist selbst, der meinem Geist Zeugnis gibt, daß ich ein Kind Gottes bin. Wenn ich nun sein Kind bin, bin ich auch sein Erbe und ein Miterbe Christi (siehe Röm 8,15). Ich bin ein Kind Gottes. Er ist mein Vater. Der Heilige Geist in mir hat mir diese Wahrheit bezeugt. Als ein Kind Gottes bin ich ein Miterbe mit Christus.

Achte darauf, wie du die Wahrheiten der Bibel persönlich empfängst. Sieh dich selbst, wie Gott dich sieht, und sprich zu dir selbst, wie er von dir in seinem Wort spricht. Dieselben Wahrheiten gelten für mich wie für dich. Wenn du es lernst, still zu sein und von Gott zu empfangen, wirst du erfahren, daß sein Wort Teil deines Denkens und Glaubens wird.

Höre, wie der Geist die Wahrheit des Wortes Gottes nimmt und sie dir jetzt erklärt. Du bist eine neue Kreatur. Das Alte in deinem Leben ist vergangen, und das Neue *ist geworden.* Höre auf ihn und schenke ihm Glauben.

MEDITATION:

Ist jemand in Christus, so ist er eine neue Kreatur; das Alte ist vergangen, siehe, Neues ist geworden. *(2.Kor 5,17)*

Siehe, ich mache alles neu! *(Off 21,5)*

Zieht den neuen Menschen an, der nach Gott geschaffen ist in wahrer Gerechtigkeit und Heiligkeit. *(Eph 4,24)*

LOB:

Denn, Herr, du lässest mich fröhlich singen von deinen Werken, und ich rühme die Taten deiner Hände. *(Ps 92,5)*

20. GLAUBEN BEKENNEN

Tu von dir die Falschheit des Mundes und sei kein Lästermaul.
(Spr 4,24)

Heiliger Geist, gib deine Gnade, daß ich die Wahrheit deines Wortes über mich bekenne.

LESUNG: Sprüche 4,20-27

Mein Sohn, merke auf meine Rede und neige dein Ohr zu meinen Worten. Laß sie dir nicht aus den Augen kommen; behalte sie in deinem Herzen, denn sie sind das Leben denen, die sie finden, und heilsam ihrem ganzen Leibe. Behüte dein Herz mit allem Fleiß, denn daraus quillt das Leben. Tu von dir die Falschheit des Mundes und sei kein Lästermaul. Laß deine Augen stracks vor sich sehen und deinen Blick geradeaus gerichtet sein. Laß deinen Fuß auf ebener Bahn gehen, und alle deine Wege seien gewiß. Weiche weder zur Rechten noch zur Linken; wende deinen Fuß vom Bösen.

Um den "guten Kampf des Glaubens" zu kämpfen ist es nötig, unseren Glauben zu "bekennen" - auszusprechen. Wir sollen nicht nur unsere Sünden "bekennen", sondern wir sollen auch unseren Glauben "bekennen". Wenn wir beispielsweise reden, als ob wir noch unser altes Leben lebten statt das neue Leben in Christus, verleugnen wir damit den Geist Gottes in uns. Viele Christen führen einen regelrechten Krieg gegen ihr altes Leben und erleiden eine Niederlage, weil sie einen Kampf kämpfen, der längst gewonnen ist.

Diese Menschen müssen erkennen, daß sie ihrem alten Leben gestorben sind und es nicht länger zu leben brauchen. Sie können jetzt ihr neues Leben leben, weil sie nicht mehr Knechte ihrer Vergangenheit sind. An die Offenbarung der Schrift zu glauben, heißt, die Kraft Gottes zu erleben, die sich in ihrem Leben spürbar freier entfaltet. Sie können für sich selbst den Sieg erleben, den Christus schon errungen hat.

Ein solches Bekenntnis könnte lauten:
Vater, ich habe mich nicht zu dir bekannt. Ich bereue es und bitte dich, mir zu vergeben. Ich danke dir, daß du mir vergeben hast, weil dein Wort sagt: **Wenn wir aber unsere Sünden bekennen, so ist er treu und gerecht, daß er uns die Sünden vergibt und reinigt uns von aller Ungerechtigkeit** *(1.Joh 1,9)*. Ich glaube, daß du mir vergeben hast, Vater, daß ich gerecht bin vor deinem Angesicht, weil du mich reingewaschen hast von allem

Unrecht durch das Blut Jesu.
Ich bekenne, daß du mein Vater bist und ich dein Kind bin und daß du mir deinen Geist gegeben hast.
Ich bekenne, daß du durch die Kraft des Heiligen Geistes in mir lebst.
Ich bekenne, daß du mich in Christus zum Erben deiner Gaben eingesetzt hast.
Ich bekenne, Vater, daß alle geistlichen Segnungen in deinem himmlischen Reich schon mir gehören.
Ich bekenne, Vater, daß ich nach deinem Wort weit überwinde in Christus.
Ich bekenne, daß du mich nach deinem Wort zum Sieg führen wirst.
Ich bekenne, daß ich nach deinem Wort nicht einen Geist der Furcht empfangen habe, sondern einen Geist der Kraft, der Liebe und der Besonnenheit.
Ich bekenne, daß ich gerecht, geheiligt und verherrlicht bin; nicht durch das, was ich getan habe, sondern durch das, was du für mich in Christus getan hast. Ich bin angenommen, heilig gemacht und mit eingesetzt im Himmel in Christus.
Ich bekenne, daß du mich, obwohl ich selbst unwürdig bin, würdig gemacht hast durch das Blut Jesu.

Wenn du das so bekennst, stimmst du mit Gott in dem überein, was er über dich sagt. Wenn du an dieser Wahrheit festhältst, wirst du fähig sein, Versuchungen, Angst und dem Gefühl völliger Unfähigkeit zu widerstehen. Wenn du über dich selbst so denkst, wie Gott es tut, hat das für dich ganz praktische Auswirkungen. Natürlich möchte er, daß du deiner Berufung in Christus gerecht wirst. Aber selbst wenn du sie verfehlst, ist er bereit, dich sofort wieder zurechtzubringen, wenn du in Reue zu ihm zurückkommst. Welch eine Liebe!
In Liebe hat er dich berufen und erwählt als sein Kind. Durch seine Liebe bist du nun in Christus. Durch seine Liebe hat er dir ein reiches Erbe gegeben. Wenn du in ihm lebst, lebst du in dem, der Liebe ist.
Höre, wenn er jetzt die Worte seiner Liebe zu dir spricht. Jesus sagt dir, daß er dich genauso liebt, wie der Vater ihn geliebt hat. Was für eine Wahrheit! Er sagt dir, daß du in dieser Wahrheit leben sollst, um in seiner Liebe zu bleiben.

MEDITATION:

Siehe, ich lege meine Worte in deinen Mund. *(Jer 1,9)*

Meine Lippen sprechen, was recht ist. *(Spr 8,6)*

Mein Mund redet die Wahrheit. *(Spr 8,7)*

LOB:

Laß dir wohlgefallen die Rede meines Mundes und das Gespräch meines Herzens vor dir, Herr, mein Fels und mein Erlöser.

(Ps 19,15)

21. Gefühl oder Wahrheit

Himmel und Erde werden vergehen; aber meine Worte werden nicht vergehen. *(Mt 24,35)*

Herr, ich möchte nicht aus meinen Gefühlen leben, sondern aus deiner Wahrheit.

LESUNG: Johannes 8,31.32.36

Da sprach nun Jesus zu den Juden, die an ihn glaubten: Wenn ihr bleiben werdet an meinem Wort, so seid ihr wahrhaftig meine Jünger und werdet die Wahrheit erkennen, und die Wahrheit wird euch frei machen ... Wenn euch nun der Sohn frei macht, so seid ihr wirklich frei.

Wenn deine Gefühle dem widersprechen, was Gott in seinem Wort sagt, muß eins von beiden falsch sein!

Auf Gefühle kannst du dich auf keinen Fall verlassen, da sie sich in dem Maße verändern, wie du auf die Umwelt reagierst. Du kannst dich in einem Moment großartig fühlen, um im nächsten Moment gänzlich "down" zu sein, weil jemand etwas Liebloses oder Kritisches gesagt hat oder weil du schlechte Nachrichten bekommen hast.

Viele Menschen leben in Abhängigkeit von ihren Gefühlen. Sie tun das, wozu sie gerade Lust haben und lehnen ab, was sie nicht tun wollen. Satan nährt das Schlechte in den Gedanken der Menschen, damit sie sich unterdrückt oder deprimiert fühlen. Sogar gute Gefühle können viel Schlechtes anrichten, wenn sie zu stark von dem Denken geleitet sind, das heute so vorherrschend ist: Wenn du dich dabei gut fühlst, tu es!

Gott möchte dir beibringen, wie du mit ihm in Gemeinschaft leben, wie du mit ihm übereinstimmen kannst - und nicht von deinen Gefühlen kontrolliert wirst. Wenn du nur aussprichst, wie du dich fühlst, wirst du oft dem widersprechen, was Gott über dich sagt. In solchen Fällen kannst du nicht die Wahrheit sagen. Gott ist Wahrheit; seine Worte sind wahr. Deswegen: Was auch immer seinem Wort widerspricht, kann keine Wahrheit sein. Jeder, der die Worte Gottes leugnet, kann nicht die Wahrheit sprechen.

Einige Menschen sagen: Ich kann meine Gefühle nicht abstreiten, es wäre unnatürlich, es zu tun. Gott möchte von dir, daß du deine Gefühle unter Kontrolle hast, und nicht, daß deine Gefühle dich im Griff haben. Laß das Wort Gottes dein Leben bestimmen, nicht die Gefühle, die sich so leicht ändern. Du kannst von deinen Gefühlen abhängig sein oder befreit durch die Wahrheit.

Himmel und Erde werden vergehen; aber meine Worte werden nicht vergehen *(Mt 24,35)*.
Das Wort unseres Gottes bleibt ewiglich *(Jes 40,8)*.
(Meine Worte) sind das Leben denen, die sie finden, und heilsam ihrem ganzen Leibe *(Spr 4,22)*.
Die Worte, die ich zu euch geredet habe, die sind Geist und sind Leben *(Joh 6,63)*.

Glaube daran, daß Gottes Wort die letzte Wahrheit ist, nicht deine Gefühle, nicht die äußeren Umstände, nicht die Lügen Satans, nicht die Ansichten der Menschen, nicht deine eigene Auffassung der Ereignisse. Auf nichts von all dem kannst du dich verlassen. Gottes Wort ist zuverlässig, und der Heilige Geist möchte diese Worte in dein Herz legen.

Der Heilige Geist und das Wort Gottes gehören zusammen. Jesus Christus sagt, daß der Heilige Geist in die Wahrheit leiten wird *(Joh 16,13)*. **Der Geist wird's von dem Meinen nehmen und euch verkündigen** *(Joh 16,15)*. Deine Gefühle werden dir oft Sorgen bereiten; die Wahrheit wird dich befreien. Dann wirst du deine Gefühle besser unter Kontrolle haben; sie werden unter die Herrschaft des Heiligen Geistes kommen.

Jedesmal, wenn du in dieser Art betest, kannst du den Geist und das Leben empfangen, die Gott in seinem Wort zusagt. Sei dir bewußt, daß er seine Gaben an dich jetzt erneuert; er gibt dir seinen Geist und sein Leben, wenn du betest.

MEDITATION:

Die Worte, die ich zu euch geredet habe, die sind Geist und sind Leben. *(Joh 6,63)*

Der Geist wird's von dem Meinen nehmen und euch verkündigen. *(Joh 16,15)*

LOB:

Lobe den Herrn, meine Seele, und was in mir ist, seinen heiligen Namen! *(Ps 103,1)*

22. FREIHEIT IN CHRISTUS

Zur Freiheit hat uns Christus befreit! *(Gal 5,1)*

Vater, ich möchte in der Freiheit leben, die du mir durch Jesus Christus geschenkt hast.

LESUNG: Galater 5,1.13

Zur Freiheit hat uns Christus befreit! So steht nun fest und laßt euch nicht wieder das Joch der Knechtschaft auflegen! ... Ihr aber, liebe Brüder, seid zur Freiheit berufen. Allein seht zu, daß ihr durch die Freiheit nicht dem Fleisch Raum gebt; sondern durch die Liebe diene einer dem anderen.

Paulus spricht von **der herrlichen Freiheit der Kinder Gottes** *(Röm 8,21)*. Gott will, daß du frei bist. Jesus starb, damit du frei wirst. Was er getan hat, hat er getan. Es ist vollendet, perfekt. *Er hat dich befreit.* Und Jesus selbst sagt: **Wenn euch nun der Sohn frei macht, so seid ihr wirklich frei** *(Joh 8,36)*.

Halte dir diese Wahrheit über dich noch einmal vor Augen: Christus hat *dich* befreit. Christus *hat* dich befreit. Christus hat dich *befreit*. Er hat es getan. Der Geist ist Zeuge für die Wahrheit des Wortes Gottes. Ich bin befreit durch Jesus Christus. Ich habe die herrliche Freiheit der Kinder Gottes. Halleluja!

Einige Menschen glauben daran und leben in Freiheit; andere zweifeln und leben in Gefangenschaft. Die Freiheit muß jeden Winkel deines Lebens ausfüllen. Manche haben das Gefühl, daß es gewisse Dinge gibt, die sie einschränken oder behindern. Oft beziehen sie sich damit auf Ereignisse in der Vergangenheit oder auf die Art, wie sie aufwuchsen. Sie meinen, daß sie noch nicht frei sein können, weil sie Opfer ihrer Vergangenheit sind.

Doch Jesus Christus hat alles getan, um dich zu befreien. Da du wiedergeboren bist, ist das Alte vergangen, und das Neue ist geworden. Die einzigen Verletzungen aus der Vergangenheit, die noch Einfluß auf dein Leben haben, sind die, die du selbst nicht vergeben hast. Wenn jemand dich verletzt hat, und du vergibst ihm oder ihr, hat die Sache ein Ende. Wenn du jedoch nicht vergißt, werden Bitterkeit, Groll und Ärger sich tief in dir breitmachen, und die Wunde wird immer schlimmer. Groll ist wie ein geistliches Krebsgeschwür, das einen innerlich auffrißt. Wenn du nicht vergibst, kannst du zu einem verletzten und verwundeten Menschen werden, der erwartet, daß andere ihn nur ablehnen und stärker verletzen.

Laß nicht zu, daß irgendeine Verletzung dich der Freiheit in Christus beraubt. Vergib jedem, der dich verletzt hat; bete für ihn, laß den Heiligen Geist in jeden wunden und verletzten Winkel deines Lebens eindringen. Mach dir klar, daß Christus dich von solchen Lasten befreit, er nahm sie auf sich, damit du heil wirst. Was Jesus für dich getan hat, macht dich frei.
Lebe in seiner Wahrheit und freue dich über die Freiheit, die er dir gab. Höre, wenn er jetzt seine Worte zu dir spricht.

MEDITATION:

Wenn euch nun der Sohn frei macht, so seid ihr wirklich frei. *(Joh 8,36)*

Zur Freiheit hat uns Christus befreit! *(Gal 5,1)*

In der Angst rief ich den Herrn an; und der Herr erhörte mich und tröstete mich. *(Ps 118,5)*

LOB:

Du bist mein Gott, und ich danke dir; mein Gott, ich will dich preisen.
(Ps 118,28)

23. KEINE VERDAMMNIS

So gibt es nun keine Verdammnis für die, die in Christus Jesus sind.
(Röm 8,1)

Ich danke dir, Vater, daß es für mich keine Verdammnis gibt.

LESUNG: Johannes 3,16-18

Denn also hat Gott die Welt geliebt, daß er seinen eingeborenen Sohn gab, damit alle, die an ihn glauben, nicht verloren werden, sondern das ewige Leben haben. Denn Gott hat seinen Sohn nicht in die Welt gesandt, daß er die Welt richte, sondern daß die Welt durch ihn gerettet werde. Wer an ihn glaubt, der wird nicht gerichtet; wer aber nicht glaubt, der ist schon gerichtet, denn er glaubt nicht an den Namen des eingeborenen Sohnes Gottes.

Du bist in Christus Jesus. Du hast Teil an Gottes Königreich. Du lebst in ihm, und er lebt in dir. Eine der wichtigsten Folgen, die aus dieser Wahrheit erwächst, ist, daß es für dich keine Verdammnis gibt.

Bevor du zum Glauben an Jesus kamst, lebtest du in der Verdammnis: **Wer an ihn glaubt, der wird nicht gerichtet; wer aber nicht glaubt, der ist schon gerichtet, denn er glaubt nicht an den Namen des eingeborenen Sohnes Gottes** *(Joh 3,18)*. Als du gläubig wurdest, nahm sich Gott deines Lebens an und "setzte" es in Jesus Christus. Er errettete dich von der Herrschaft der Finsternis und brachte dich in das Reich seines geliebten Sohnes. In Christus kann keine Verdammnis, kein Todesurteil, kein Fernsein von Gott sein. Abseits von ihm sind alle wegen ihres Unglaubens verdammt; sie bleiben in der Finsternis, dem Fürsten der Finsternis unterworfen.

Jesus hat dich vor der Verdammnis gerettet, und daran kann auch Satan nicht rütteln. Er kann nicht rückgängig machen, was Gott in deinem Leben getan hat; er kann jedoch versuchen, dich davon abzuhalten, das Beste daraus zu machen. Und eine seiner häufigsten Methoden ist, falsche Schuldgefühle in dir zu erzeugen.

Jesus starb am Kreuz, um dich von aller Schuld und Schande der Sünde und von der Verdammnis zu befreien. Er nahm die Strafe auf sich, die du verdienst, und so bleibt dir jede Bestrafung erspart. Doch Satan möchte dich glauben machen, daß dir nicht wirklich vergeben wurde, daß du nicht ernsthaft von Gott angenommen bist. Er nährt die falschen Vorstellungen in dir, daß du es nicht wert bist, etwas vom Herrn zu erhalten. Er hinterfragt, ob Gott dich wirklich liebt: Wenn dem so ist, warum gibt es dann in deinem

Leben trotzdem so viele Schwierigkeiten? Er läßt dich denken, daß du ein Versager auf geistlichem Gebiet bist, und er macht sich ein Vergnügen daraus, dir alle deine Fehler und Mängel zu zeigen, so daß du meinst, keinen Segen von Gott empfangen zu können.

Er bleibt bei seinen verleumderischen Anklagen und versucht, uns Gefühle des Versagens, der Frustration, der Niederlage und sogar der Verzweiflung einzuimpfen.

Doch das Wort Gottes verkündet unseren Herzen eine große Wahrheit. Es gibt keine Verdammnis für die, die in Christus sind. Du bist nicht verdammt; dir wurde vergeben, und du bist angenommen. Du brauchst nicht auf die Lügen des Feindes zu hören. Selbst wenn du eine Sünde begehst, verdammt Gott dich nicht. Er verbannt dich nicht aus seinem Reich oder zieht das Geschenk der Sohnschaft von dir zurück. Er macht dich der Sünde bewußt durch den Heiligen Geist, der in dir wohnt, indem er dich zur Buße ruft und damit zurück in seine Gemeinschaft und zu seinen Zielen.

Das Bewußtsein, daß der Heilige Geist dir deine Sünden zeigt, um dich zur Buße und zur Vergebung zu bewegen, führt in die Freiheit; Verdammnis ist wie ein Gefängnis. Gott hat dich aus dem Gefängnis des Unglaubens und der Verdammnis befreit. Widerstehe den Lügen des Feindes, und er wird dich fliehen müssen. Wenn du dein Leben in Christus Jesus lebst, wird es keine Verdammnis für dich geben, weder in diesem Leben noch im kommenden. Halleluja!

Höre jetzt seine Worte in deinem Herzen. Für dich gibt es keine Verdammnis, denn du bist in Christus.

MEDITATION:

So gibt es nun keine Verdammnis für die, die in Christus Jesus sind.
(Röm 8,1)

Wer an ihn (Jesus) glaubt, der wird nicht gerichtet. *(Joh 3,18)*

Der Fürst dieser Welt ist gerichtet. *(Joh 16,11)*

LOB:

Barmherzig und gnädig ist der Herr, geduldig und von großer Güte.
(Ps 103,8)

24. DIE WAHRHEIT IN LIEBE

Darum, o Mensch, kannst du dich nicht entschuldigen, wer du auch bist, der du richtest. Denn worin du den andern richtest, verdammst du dich selbst, weil du ebendasselbe tust, was du richtest.

(Röm 2,1)

Vater, bitte hilf mir durch deinen Heiligen Geist, die andern nicht zu richten und zu verdammen.

Lesung: Kolosser 3,12-14

So zieht nun an als die Auserwählten Gottes, als die Heiligen und Geliebten, herzliches Erbarmen, Freundlichkeit, Demut, Sanftmut, Geduld; und ertragt einer den andern und vergebt euch untereinander, wenn jemand Klage hat gegen den andern; wie der Herr euch vergeben hat, so vergebt auch ihr! Über alles aber zieht an die Liebe, die da ist das Band der Vollkommenheit.

Verdammnis kommt nicht nur direkt vom Feind. Auch wenn man an die negativen Dinge glaubt, die andere erzählen, kann das ein Gefühl hervorrufen, wertlos zu sein. Menschen schwätzen, kritisieren und verurteilen. Jesus sprach: **Richtet nicht, damit ihr nicht gerichtet werdet. Denn nach welchem Recht ihr richtet, werdet ihr gerichtet werden; und mit welchem Maß ihr meßt, wird euch zugemessen werden** *(Mt 7,1-2).*

Andere zu richten, ist genau das Gegenteil von dem, wie Gott uns behandelt: Er vergibt, er nimmt an, er liebt. Er könnte uns richten, aber er hat sich entschlossen, es nicht zu tun.

Satan ist der Verkläger der Brüder, doch er kann den Mund der Menschen dazu benutzen, die Anklagen an seiner Stelle vorzubringen. Vieles von dem, was andere sagen, leugnet die Wahrheit über das, was du in Christus bist. Es ist so leicht, diese negativen Dinge zu hören und zu glauben, besonders wenn du sowieso keine hohe Meinung von dir hast. Die Ansichten und die Kritik der anderen bestätigen dann nur, was du ohnehin schon über dich selbst denkst, sie verstärken das Gefühl, ein Versager zu sein.

Als die Frau, die beim Ehebruch ertappt worden war, vor Jesus gebracht wurde, sagte er: **Wer unter euch ohne Sünde ist, der werfe den ersten Stein auf sie** *(Joh 8,7).* Einer nach dem anderen ging weg, bis Jesus mit der Frau allein dastand. Hat dich niemand verdammt? fragte er sie. Sie antwortete: Niemand, Herr. Und Jesus sprach: **So verdamme ich dich auch nicht; geh hin und sündige hinfort nicht mehr** *(Joh 8,10.11).*

Viele Menschen kritisieren und verurteilen andere, weil sie mit sich selbst nicht zurechtkommen. Wenn sie andere schlecht darstellen, hebt es ihr eigenes Selbstvertrauen und ihren Stolz, denken sie. In Wirklichkeit trägt es nur zu ihrer Unsicherheit bei. Du bekommst von anderen, was du ihnen gibst. Das heißt jedoch nicht, daß wir uns vor hilfreicher und objektiver Kritik verschließen sollen. Höre auf diejenigen, die in Gottes Weise sprechen. Du wirst oft entdecken, daß die, die andere verdammen, aus sich selbst reden. Prüfe immer, was Menschen sagen an der Offenbarung in der Schrift und höre nicht auf willkürliche Behauptungen einzelner. Wenn die Kritik angebracht ist, gibt es mindestens zwei oder drei Leute mit derselben Ansicht.

Jemandem die Wahrheit in Liebe zu sagen, bedeutet, daß du ihm die Vision mitteilst, die Gott für ihn in Christus hat; du sollst versuchen, ihn zu ermutigen, nicht zu zerstören. Sprich immer in Liebe und korrigiere andere nur, wenn du dir sicher bist, daß es aus echter Liebe geschieht.

Die Wahrheit bringt Sündenerkenntnis mit sich, doch nie Verdammnis. Es gibt *keine Verdammnis* für die, die in Christus sind - weder Verdammnis von Satan noch von anderen Menschen.

Laß nicht zu, daß andere dich verdammen, und vermeide es, anderen Gefühle des Versagens einzuimpfen. Sei dir bewußt, daß der Herr barmherzig und gnädig ist, durch dich will er diese Eigenschaften anderen vermitteln.

Laß jetzt den Herrn zu dir sprechen, in dem Bewußtsein, daß der Heilige Geist dir helfen wird, seine Worte zu erfüllen.

MEDITATION:

Und richtet nicht, so werdet ihr auch nicht gerichtet. Verdammt nicht, so werdet ihr nicht verdammt. Vergebt, so wird euch vergeben.
(Lk 6,37)

So verdamme ich dich auch nicht. *(Joh 8,11)*

Darum laßt uns nicht mehr einer den andern richten. *(Röm 14,13)*

LOB:

Ich will rühmen Gottes Wort; ich will rühmen des Herrn Wort. Auf Gott hoffe ich und fürchte mich nicht; was können mir Menschen tun?
(Ps 56,11-12)

25. EIN FALSCHER KÄFIG

Bittet, so wird euch gegeben. *(Lk 11,9)*

Heiliger Geist, hilf mir glauben, indem ich dem Guten Raum gebe.

LESUNG: Philipper 4,4-7

Freuet euch in dem Herrn allewege, und abermals sage ich: Freuet euch! Eure Güte laßt kundsein allen Menschen! Der Herr ist nahe! Sorgt euch um nichts, sondern in allen Dingen laßt eure Bitten in Gebet und Flehen mit Danksagung vor Gott kundwerden! Und der Friede Gottes, der höher ist als alle Vernunft, bewahre eure Herzen und Sinne in Christus Jesus.

Wir können uns selbst durch unsere eigenen Worte Käfige schaffen, die bewirken, daß wir uns verdammt fühlen. Unglaube ist wie ein Gefängnis, und er tritt in unserer Ausdrucksweise oft klar zutage. Obwohl es keine Verdammnis gibt für die, die in Christus sind, können wir uns verdammt fühlen, wenn wir durch Unglauben schuldig geworden sind, indem wir Dinge sagen wie:

Ich glaube nicht, daß es Gottes Wille ist, mich heil zu machen;
Gott kann nicht an meinen Problemen interessiert sein;
ich will ihn nicht mit meinen lächerlichen Bedürfnissen bedrängen;
es gibt so viele, die schlimmer dran sind als ich.

Mit solchen Worten beschränken wir einerseits die Macht Gottes, andererseits widersprechen wir ihm, denn sein Wort sagt, daß er allmächtig und für ihn nichts unmöglich ist. Zweifle nie an seiner Liebe, an seinem Interesse für dich oder an seiner Barmherzigkeit. Du wirst es nicht erleben, daß Gott irgend etwas an deiner Situation ändert, wenn du nicht glaubst, daß er es tun wird. Jesus möchte, daß wir bitten, und er verspricht, daß wir es bekommen werden, denn er ist jederzeit bereit, barmherzig zu sein.

Paulus bekräftigt Jesu Worte. Er sagt uns, daß wir uns um *nichts* sorgen müssen. Du darfst Gott jede Situation anvertrauen, es ist egal, wie groß oder scheinbar klein dein Problem ist. In *allem* sollst du dich an Gott wenden. Alles heißt alles!

Einige Menschen sagen, daß sie nicht gern etwas für sich erbitten wollen. Das ist keine Demut; das ist purer Ungehorsam gegenüber Gottes Wort und offensichtlicher Unglaube. Nur ein Dummkopf würde es unterlassen, Gott um etwas zu bitten, wenn er *glaubte*, daß es ihn nur ein Gebet kostete.

Wenn du betest und dein Anliegen Gott darlegst, kannst du ihm sofort dafür danken, voller Vertrauen, daß er dich hört und dir antwortet. Diese Art von Glauben möchte Gott in dir schaffen.

Es ist eine durchaus natürliche Reaktion, bei schwierigen Umständen besorgt zu sein, aber du sollst alle deine Sorgen auf Gott werfen, er wird sich um dich kümmern. Das ist auch der Grund, warum du am Anfang deiner Andacht einige Momente darauf verwendest, ihm deine Sorgen zu übergeben - es geht nicht darum, die Zeit damit zu verbringen, Probleme zu wälzen, sondern zu erkennen, daß er bereit ist, die Last von dir zu nehmen. **Kommt her zu mir, alle, die ihr mühselig und beladen seid; ich will euch erquicken** *(Mt 11,28)*. Sorge hilft nie und steht zudem im Widerspruch zum Glauben an Jesus. Er ist der Herr, der dich liebt und der die Last deiner Probleme tragen will, er will dich erquicken. Das Wissen, daß er alles für dich übernehmen will, macht es möglich, daß der Friede Jesu dein Herz und deine Sinne erfüllt.

Mit Dank zu beten, ist ein offensichtliches Zeichen für deinen Glauben daran, daß Gott dich erhört hat und dir antwortet, auch wenn noch kein Resultat zu sehen ist. Dieser Dank zeigt das Vertrauen in die barmherzige Liebe und Treue des Herrn. Mit Dank zu beten und mit Glauben zu sprechen zeigt, daß du nicht bereit bist, in einen Käfig des Unglaubens gesperrt zu werden.

MEDITATION:

Bittet, so werdet ihr nehmen, daß eure Freude vollkommen sei.
(Joh 16,24)

... in allen Dingen laßt eure Bitten in Gebet und Flehen mit Danksagung vor Gott kundwerden. *(Phil 4,6)*

Und der Friede Gottes, der höher ist als alle Vernunft, bewahre eure Herzen und Sinne in Christus Jesus. *(Phil 4,7)*

LOB:

Als ich den Herrn suchte, antwortete er mir und errettete mich aus aller meiner Furcht. Die auf ihn sehen, werden strahlen vor Freude, und ihr Angesicht soll nicht schamrot werden. *(Ps 34,5-6)*

26. ANDERE ERMUTIGEN

Wer seinen Bruder liebt, der bleibt im Licht, und durch ihn kommt niemand zu Fall. *(1.Joh 2,10)*

Heiliger Geist, hilf mir, andere zu ermutigen.

LESUNG: Kolosser 3,15-17

Und der Friede Christi, zu dem ihr auch berufen seid in einem Leibe, regiere in euren Herzen; und seid dankbar. Laßt das Wort Christi reichlich unter euch wohnen: lehrt und ermahnt einander in aller Weisheit; mit Psalmen, Lobgesängen und geistlichen Liedern singt Gott dankbar in euren Herzen. Und alles, was ihr tut mit Worten oder mit Werken, das tut alles im Namen des Herrn Jesus und dankt Gott, dem Vater, durch ihn.

Wir haben eine große Verantwortung, nämlich einander in Liebe aufzubauen und einander in Wahrheit zu ermahnen. Wenn Christen sich gegenseitig kritisieren oder richten, verherrlichen sie nur Satan. Wir müssen lernen, zerstörerische Kritik zu vermeiden und beginnen, zum Glauben an das Wort Gottes zu ermutigen.

Das muß auf einfühlsame Weise geschehen - das Wort, wenn es mit der Kraft des Heiligen Geistes gesprochen wird, ermutigt zum Glauben. Jesus überträgt dir die Aufgabe, deine Brüder und Schwestern aufzubauen. Wenn das Wort ohne Liebe gesprochen wird, kann es Menschen deprimieren, obwohl das Gesagte möglicherweise wahr ist. Es spielt nicht nur eine Rolle, was du sagst, sondern auch, wie du es sagst! Du sollst die Wahrheit in Liebe sagen und offen sein für Ermahnungen von anderen, ohne dich bedrängt zu fühlen oder zu grollen.

Jede Wahrheit, die du für dich über dein neues Leben in Christus erkennst, ist genauso wahr für andere Christen. Du hast die Verantwortung, sie darauf hinzuweisen:

Sie sind nicht allein.
Er ist bei ihnen.
Er ist die Kraft ihres Leben.
Es gibt keine Verdammnis für die, die in Christus sind.
Gott wird ihren Nöten begegnen nach seinem Reichtum in Christus Jesus.

Du kannst sie darauf hinweisen, daß Gottes Wort auch für sie wahr ist, so daß sie als Sieger sprechen, anstatt Leid, Versagen, Zweifel und Niederlage zu bekennen. Du kannst im Namen Jesu zu ihnen sprechen und ihnen sagen, was er ihnen sagen will.

Jesus spricht: **Wenn zwei unter euch eins werden auf Erden, worum sie bitten wollen, so soll es ihnen widerfahren von meinem Vater im Himmel** *(Mt 18,19)*. Damit meint Jesus, daß zwei Menschen in ihrem Herzen übereinstimmen, sie sind sich vollkommen einig darüber, was sie glauben. Sie stimmen nicht lediglich in einer formelhaften Rede überein, der eine betet, der andere sagt "Amen"! Ihr Gebet kommt aus der Überzeugung ihres Herzens, daß Gott aus ihrem Problem das Beste machen wird.

Es empfiehlt sich, mit anderen zu reden und dem Heiligen Geist zu erlauben, euch zu einer gemeinsamen Ansicht zu bringen über das, was ihr glauben sollt. Worüber ihr auch eins werdet *im Glauben*, es wird euch geschenkt vom Vater im Himmel. Wenn ihr euch einig werdet, könnt ihr vertrauensvoll beten und wissen, daß "es euch widerfahren wird".

Ehrlichkeit ist in dieser Beziehung unerläßlich. Ehrlichkeit sowohl gegenüber Gott als auch dir selbst gegenüber, besonders, wenn es dir zuerst an Glauben fehlt. Ehrlich den Unglauben zuzugeben, erlaubt es einem anderen, dir Glauben zuzusprechen und dir zu zeigen, was der Herr in seinem Wort verheißt. Wenn ihr beide zusammen die Wahrheit jeweils durch den anderen hört, wird euer Vertrauen gestärkt.

Du kannst andere zum Glauben ermutigen, und andere können dasselbe für dich tun. Wenn der eine schwankt, kann der andere stark bleiben. Wir brauchen einander auf unserem Glaubensweg mit Christus.

Höre jetzt die Worte Jesu. Laß es zu, daß seine Wahrheit dein Herz erfüllt. Seine Verheißungen sind für *dich*.

MEDITATION:

Wenn zwei unter euch eins werden auf Erden, worum sie bitten wollen, so soll es ihnen widerfahren von meinem Vater im Himmel. *(Mt 18,19)*

Darum ermahnt euch untereinander, und einer erbaue den andern, wie ihr auch tut. *(1.Thess 5,11)*

Und alles, was ihr tut mit Worten oder mit Werken, das tut alles im Namen des Herrn Jesus. *(Kol 3,17)*

LOB:

Es danken dir, Gott, die Völker, es danken dir alle Völker. *(Ps 67,4)*

TEIL 4

DEIN GLAUBENSLEBEN

27. GLAUBEN AN GOTT

Habt Glauben an Gott! *(Mk 11,22)*

Heiliger Geist, hilf mir, jederzeit Gott zu vertrauen.

LESUNG: Markus 11,22-25

Und Jesus antwortete und sprach zu ihnen: **Habt Glauben an Gott! Wahrlich, ich sage euch: Wer zu diesem Berge spräche: Heb dich und wirf dich ins Meer! und zweifelte nicht in seinem Herzen, sondern glaubte, daß geschehen werde, was er sagt, so wird's ihm geschehen. Darum sage ich euch: Alles, was ihr bittet in eurem Gebet, glaubt nur, daß ihr's empfangt, so wird's euch zuteilwerden. Und wenn ihr steht und betet, so vergebt, wenn ihr etwas gegen jemanden habt, damit auch euer Vater im Himmel euch vergebe eure Übertretungen.**

Jesus lehrt seine Jünger, im Glauben zu beten. Zunächst, sagt er, ist es wichtig, an Gott zu glauben. Das mag selbstverständlich klingen, doch es ist nur zu leicht, sich auf Bedürfnisse, Probleme oder auf das Gefühl der Angst zu konzentrieren. Wenn das der Fall ist, ist der Glaube schnell vergangen.

An Gott zu glauben, heißt, auf sein Wort zu vertrauen. Dein Glaube an Jesus zeigt, daß du fähig bist zu glauben, ohne zu sehen. Der zweifelnde Thomas wollte nicht glauben, daß Jesus auferstanden war, bis er ihn selbst gesehen hatte. Als er ihn sah, betete er ihn an und sprach: **Mein Herr und mein Gott!** Darauf sprach Jesus zu ihm: **Weil du mich gesehen hast, Thomas, darum glaubst du. Selig sind, die nicht sehen und doch glauben!** *(Joh 20,28-29)*

Du gehörst also zu denjenigen, die selig sind. Du glaubst, ohne zu sehen. Wenn du mit Glauben betest, möchte Gott, daß du an die Erhörung deines Gebetes glaubst, bevor irgend etwas zu sehen ist. Die Welt sagt: Erst sehen, dann glauben. Jesus sagt dagegen: Erst glauben, dann sehen!

Wenn Gott dir Vertrauen in seine Zusage schenkt, siehst du mit den Augen des Glaubens schon die Antwort auf dein Bitten. Du kannst jedes deiner Gebete mit Dank beenden, weil du daran glaubst, daß der Vater dir antworten wird, gleichgültig, ob du für dich selbst oder für andere betest. **Sorgt euch um nichts, sondern in allen Dingen laßt eure Bitten in Gebet und Flehen mit Danksagung vor Gott kundwerden!** *(Phil 4,6)*

So hat Jesus selbst auch gebetet. Er stand vor dem Grab des Lazarus und sprach: **Vater, ich danke dir, daß du mich erhört hast. Ich weiß, daß du mich allezeit hörst** *(Joh 11,41-42)*. Er sagte dies, noch *bevor* Lazarus aufer-

standen war. Das ist das Vertrauen, das aus dem Wissen um die Treue des Vaters im Himmel erwächst.
Du hast dieselbe Beziehung zum Vater, weil du ein Kind Gottes bist. Du kannst darauf vertrauen, daß Gott den Wunsch hat, dir alles zu geben. In jedem Augenblick und an jedem Ort kannst du still vor ihm werden und etwas von ihm erhalten durch sein Wort und durch seinen Geist. Du hast Glauben an Gott. Er hört dich und begegnet dir, wann immer du Gemeinschaft mit ihm suchst.
Höre nun die Worte Jesu, die dich ermutigen und herausfordern, im Glauben zu bitten, denn er weiß, daß sein Vater dich niemals im Stich lassen wird.

MEDITATION:

Habt Glauben an Gott! *(Mk 11,22)*

Euch geschehe nach eurem Glauben! *(Mt 9,29)*

Glaubt an Gott und glaubt an mich! *(Joh 14,1)*

LOB:

Da glaubten sie an seine Worte und sangen sein Lob. *(Ps 106,12)*

28. ZU DEN BERGEN SPRECHEN

Jesus aber antwortete und sprach zu ihnen: Wahrlich, ich sage euch: Wenn ihr Glauben habt und nicht zweifelt, so werdet ihr nicht allein Taten wie die mit dem Feigenbaum tun, sondern, wenn ihr zu diesem Berge sagt: Heb dich und wirf dich ins Meer!, so wird's geschehen. *(Mt 21,21)*

Herr, ich möchte lernen, zu den Bergen zu sprechen, und sehen, wie sie sich bewegen.

LESUNG: Markus 11,22-25

Und Jesus antwortete und sprach zu ihnen: Habt Glauben an Gott! Wahrlich, ich sage euch: Wer zu diesem Berge spräche: Heb dich und wirf dich ins Meer! und zweifelte nicht in seinem Herzen, sondern glaubte, daß geschehen werde, was er sagt, so wird's ihm geschehen. Darum sage ich euch: Alles, was ihr bittet in eurem Gebet, glaubt nur, daß ihr's empfangt, so wird's euch zuteilwerden. Und wenn ihr steht und betet, so vergebt, wenn ihr etwas gegen jemanden habt, damit auch euer Vater im Himmel euch vergebe eure Übertretungen.

Sprichst du zu deinen Problemen? Jesus sagt, daß du es tun sollst. Er sagt, daß du zu den Bergen sprechen sollst und ihnen befehlen, sich wegzubewegen. Offensichtlich sind das keine Berge aus Stein, sondern Berge aus Nöten; die Probleme müssen aus deinem Leben geschafft werden.

Glaube gibt dir das Vertrauen, zu den Bergen in deinem Leben sprechen zu können. Gott hat sie nicht dorthin gesetzt, und er will, daß sie verschwinden. Falsches Denken führt zu Unglauben. Wenn du meinst, deine Probleme kämen von Gott, wirst du nicht den Glauben besitzen, ihn zu bitten, sie wegzunehmen, noch wirst du das Vertrauen haben, zu deinen Nöten zu sprechen.

Es ist der Feind, der dir Hindernisse in den Weg legt. Jesus möchte, daß du deine Autorität gebrauchst über alle Kräfte des Bösen. Wenn du ihm widerstehst, wird er vor dir fliehen. Wenn du gegen die Berge angehst, die er dir in den Weg legt, kannst du ihnen befehlen, sich ins Meer zu werfen.

Manchmal nehmen Christen ihre Probleme als gegeben hin, anstatt gegen sie im Glauben anzugehen. Der Teufel liebt diese passive Art. Wenn du betest, bekommst du den Geist und das Leben aus Gottes Wort, und du weißt, daß du die Berge überwinden kannst in der Kraft Jesu. Die Berge müssen den Weg freigeben. Gottes Macht ist größer als jedes Problem.

Es gibt eine Art "göttliche Entrüstung" gegenüber den zerstörerischen Taktiken des Feindes. Anstatt passiv Probleme zu akzeptieren, sollten Christen zornig gegen alles Negative angehen, das Ärger, Schmerz und Verwirrung im Leben anderer Menschen verursacht. Jesus gab einer solchen Entrüstung Ausdruck, zum Beispiel gegen die Pharisäer, die Geldwechsler im Tempel, gegen unsaubere Geister und Krankheiten und gegen den Teufel selbst.

Du kannst zu den Bergen in deinem Leben sprechen mit der Autorität eines Menschen, der in Christus lebt. Du hast das Vorrecht, in seinem Namen zu sprechen, in seinem Auftrag den Problemen zu befehlen, wie es Jesus selbst tun würde. Sieh sie so, wie er sie sehen würde und geh so damit um, wie er es tun würde.

Höre diese Worte Jesu. Er sagt *dir*, daß *du* zu den speziellen Bergen vor dir sprechen kannst, und sie werden weichen. Glaube nicht an den Berg, vertraue auf Jesus.

MEDITATION:

Wenn ihr zu diesem Berge sagt: Heb dich und wirf dich ins Meer!, so wird's geschehen. *(Mt 21,21)*

Euch wird nichts unmöglich sein. *(Mt 17,21)*

Alle Dinge sind möglich dem, der da glaubt. *(Mk 9,23)*

LOB:

Ich will dich täglich loben und deinen Namen rühmen immer und ewiglich. *(Ps 145,2)*

29. GLAUBE, DAß DU EMPFANGEN HAST

Alles, was ihr bittet im Gebet, wenn ihr glaubt, so werdet ihr's empfangen. *(Mt 21,22)*

Vater, ich möchte stets mit Glauben beten.

LESUNG: Markus 11,22-25

Und Jesus antwortete und sprach zu ihnen: Habt Glauben an Gott! Wahrlich, ich sage euch: Wer zu diesem Berge spräche: Heb dich und wirf dich ins Meer! und zweifelte nicht in seinem Herzen, sondern glaubte, daß geschehen werde, was er sagt, so wird's ihm geschehen. Darum sage ich euch: Alles, was ihr bittet in eurem Gebet, glaubt nur, daß ihr's empfangt, so wird's euch zuteilwerden. Und wenn ihr steht und betet, so vergebt, wenn ihr etwas gegen jemanden habt, damit auch euer Vater im Himmel euch vergebe eure Übertretungen.

Der Feind wird versuchen, dich davon zu überzeugen, daß du nicht genug Glauben hast, um etwas von Gott zu empfangen. Höre nicht auf ihn! Du hast Glauben. Du glaubst, daß Gott dir alles geben will, und immer, wenn du in diesem Vertrauen betest, wirst du von ihm empfangen.

Mit Glauben beten, heißt nicht, darauf zu vertrauen, daß Gott irgendetwas irgendwann tun wird. Das ist Hoffnung, nicht Glaube. Wenn du mit Glauben betest, glaubst du, daß du es schon empfangen hast.

Diese Form des Gebets hilft dir sehr in dieser Beziehung. Du glaubst, daß Gott dir in dem Moment gibt, in dem du sein Wort im Gebet aufnimmst. Auch wenn die ganze Antwort auf deine Not nicht sofort sichtbar ist, glaubst du doch, daß das Resultat schon feststeht. Du hast seine Antwort im Glauben vorweggenommen, und immer, wenn du in diesem Vertrauen betest, erinnerst du dich daran.

Es ist großartig, wenn Gott durch Wunder wirkt, wenn sogar lebensbedrohliche Nöte sofort beseitigt werden. Das ist jedoch nicht die einzige Art, wie Gott Gebete beantwortet, noch ist es der einzige Weg, von Gott zu empfangen.

Manche Antworten bekomme ich sofort, andere dagegen Schritt für Schritt. Zum Beispiel bei Heilungen. Ich sehe, daß Gott viele Menschen spontan heilt, aber ich höre auch von vielen anderen, deren Genesung sich über einen Zeitraum hinweg erstreckt. Das geschieht bei Krankheiten, die nach medizinischen Gesichtspunkten unheilbar sind, aber auch bei geringeren Problemen.

Glaube stellt das letztendliche Ergebnis nicht in Frage. Du glaubst, daß du die ganze Antwort empfangen hast, auch wenn sie sich nur Schritt für Schritt offenbart. Jedes Gebet ist ein weiterer Schritt zum endgültigen Durchbruch. Geh gegen die Nöte deines Lebens an. Sprich zu dem Berg und befiehl ihm, sich wegzubewegen. Der Herr will nicht, daß du mit Problemen lebst; er will, daß sie ins Meer geworfen werden und spurlos versinken. Sieh mit den Augen des Glaubens, daß es vollendet ist, und sei dir gewiß, daß du Antwort auf deine Nöte empfängst, wann immer du betest.

Dein Vater erhört dein Gebet. Er will, daß du dir seiner Liebe und Treue so sicher bist, daß du solchen Glauben in die Kraft seines Wortes hast, daß immer, wenn du betest, du auch glaubst, daß du von ihm empfängst.

MEDITATION:

Alles, was ihr bittet im Gebet, wenn ihr glaubt, so werdet ihr's empfangen. *(Mt 21,22)*

Und was ihr bitten werdet in meinem Namen, das will ich tun, damit der Vater verherrlicht werde im Sohn. *(Joh 14,13)*

Was ihr mich bitten werdet in meinem Namen, das will ich tun. *(Joh 14,14)*

LOB:

Darum verlaßt euch auf den Herrn immerdar; denn Gott der Herr ist ein Fels ewiglich. *(Jes 26,4)*

30. EMPFANGEN

Und wenn ihr steht und betet, so vergebt, wenn ihr etwas gegen jemanden habt, damit auch euer Vater im Himmel euch vergebe eure Übertretungen. *(Mk 11,25)*

Heiliger Geist, mach mich allezeit bereit zu vergeben.

LESUNG: Matthäus 18,21-35

Da trat Petrus zu ihm und fragte: Herr, wie oft muß ich denn meinem Bruder, der an mir sündigt, vergeben? Genügt es siebenmal? Jesus sprach zu ihm: Ich sage dir: nicht siebenmal, sondern siebzig mal siebenmal.
Darum gleicht das Himmelreich einem König, der mit seinen Knechten abrechnen wollte. Und als er anfing abzurechnen, wurde einer vor ihn gebracht, der war ihm zehntausend Zentner Silber schuldig. Da er's nun nicht bezahlen konnte, befahl der Herr, ihn und seine Frau und seine Kinder und alles, was er hatte, zu verkaufen und damit zu bezahlen.
Da fiel ihm der Knecht zu Füßen und flehte ihn an und sprach: Hab Geduld mit mir; ich will dir's alles bezahlen. Da hatte der Herr Erbarmen mit diesem Knecht und ließ ihn frei, und die Schuld erließ er ihm auch.
Da ging dieser Knecht hinaus und traf einen seiner Mitknechte, der war ihm hundert Silbergroschen schuldig; und er packte und würgte ihn und sprach: Bezahle, was du mir schuldig bist!
Da fiel sein Mitknecht nieder und bat ihn und sprach: Hab Geduld mit mir; ich will dir's bezahlen.
Er wollte aber nicht, sondern ging hin und warf ihn ins Gefängnis, bis er bezahlt hätte, was er schuldig war. Als aber seine Mitknechte das sahen, wurden sie sehr betrübt und kamen und brachten bei ihrem Herrn alles vor, was sich begeben hatte.
Da forderte ihn sein Herr vor sich und sprach zu ihm: Du böser Knecht! Deine ganze Schuld habe ich dir erlassen, weil du mich gebeten hast; hättest du dich da nicht auch erbarmen sollen über deinen Mitknecht, wie ich mich über dich erbarmt habe? Und sein Herr wurde zornig und überantwortete ihn den Peinigern, bis er alles bezahlt hätte, was er ihm schuldig war.
So wird auch mein himmlischer Vater an euch tun, wenn ihr einander nicht von Herzen vergebt, ein jeder seinem Bruder.

Jesus machte klar, wie wichtig es ist zu vergeben: **Denn wenn ihr den Menschen ihre Verfehlungen vergebt, so wird euch euer himmlischer Vater auch vergeben. Wenn ihr aber den Menschen nicht vergebt, so wird euch euer Vater eure Verfehlungen auch nicht vergeben** *(Mt 6,14-15)*.

Wenn du nicht vergibst, wird auch dir nicht vergeben, und wenn dir nicht vergeben ist, ist es sehr, sehr schwer, von Gott etwas zu empfangen, egal, wieviel Glauben du hast. Vergebung ist Gottes Ausdruck von Liebe und Erbarmen dir gegenüber. Und er erwartet von dir, daß du die gleiche Liebe und das gleiche Erbarmen auf andere ausdehnst. Paulus warnt uns: **Und wenn ich allen Glauben hätte, so daß ich Berge versetzen könnte, und hätte die Liebe nicht, so wäre ich nichts** *(1.Kor 13,2)*.

Jesus erzählte das Gleichnis vom Schalksknecht, um uns vor den Folgen mangelnder Vergebungsbereitschaft zu warnen.

Wenn du dich darauf vorbereitest zu empfangen, bitte Gott um Vergebung und *dehne deine Vergebung auf andere aus*. Behalte deine Vergebungsbereitschaft, egal, wie oft du vergeben sollst. Vergebung soll eine natürliche Reaktion werden, wenn andere dir Böses tun. Statt ärgerlich und haßerfüllt zu werden, vergib. Statt abzuwarten, bis der andere sich entschuldigt, habe gleich eine vergebende Haltung ihm gegenüber, sobald dir sein Fehlverhalten bewußt wird, damit der Ärger keine Gelegenheit hat, sich festzubeißen.

Wenn du betest, sollst du vergeben, sagt Jesus. Nicht manchmal, sondern *immer wenn*, und das bedeutet: jedesmal, wenn du betest.

Ich habe viele Menschen kennengelernt, deren Heilung körperlicher oder geistlicher Nöte das Ergebnis von Vergebung gegenüber anderen waren. Es steht außer Zweifel, daß der Herr ihnen die Heilung schon vorher zuteil werden lassen wollte, aber der Mangel an Vergebung verhinderte es. Ein Beispiel: Eine Frau im fortgeschrittenen Stadium einer Multiple Sklerose kam in ihrem Rollstuhl zu einem Zusammentreffen. Während der Predigt überzeugte sie der Herr davon, daß sie jemandem, der sie in ihrem Leben einmal sehr verletzt hatte, vergeben müsse. In diesem Augenblick begann die Heilung von ihrer Krankheit. Bald konnte sie aus ihrem Rollstuhl aufstehen und normal umherlaufen.

Niemand betete mit ihr, Jesus sprach sein Wort zu ihrem Herzen. Als sie antwortete, war sie frei. **Vergib uns unsere Schuld, wie auch wir vergeben unsern Schuldigern** *(Mt 6,12)*

Laß dieses Wort Teil von dir werden, so daß bei jeder Gelegenheit deine selbstverständliche Reaktion Vergebung ist. Du sollst vergeben - so wie der Herr dir vergeben hat. Er wird dir nie seine Vergebung vorenthalten, wenn du deine Vergebung anderen nicht vorenthälst.

MEDITATION:

Wie der Herr euch vergeben hat, so vergebt auch ihr! *(Kol 3,13)*

Vergebt, wenn ihr etwas gegen jemanden habt. *(Mk 11,25)*

Denn wenn ihr den Menschen ihre Verfehlungen vergebt, so wird euch euer himmlischer Vater auch vergeben. *(Mt 6,14)*

LOB:

So fern der Morgen ist vom Abend, läßt er unsre Übertretungen von uns sein. *(Ps 103,12)*

31. IM GLAUBEN HANDELN

Jesus spricht zu ihr: Habe ich dir nicht gesagt: Wenn du glaubst, wirst du die Herrlichkeit Gottes sehen? *(Joh 11,40)*

Vater, möge mir doch allezeit deine Treue bewußt sein, mit der du jedes meiner Gebete beantwortest.

LESUNG: Johannes 11,40-42

Jesus spricht zu ihr: Habe ich dir nicht gesagt: Wenn du glaubst, wirst du die Herrlichkeit Gottes sehen? Da hoben sie den Stein weg. Jesus aber hob seine Augen auf und sprach: Vater, ich danke dir, daß du mich erhört hast. Ich weiß, daß du mich allezeit hörst; aber um des Volkes willen, das umhersteht, sage ich's, damit sie glauben, daß du mich gesandt hast.

Glaube ist kein Gefühl, er ist etwas Aktives. Glaube drückt sich aus in dem, was du sagst und tust. Jesus sagt, daß dem, dem das Herz voll ist, der Mund übergeht. Wenn Glaube in deinem Herzen ist, wird dein Mund diesen Glauben verkünden, und dein Handeln wird dementsprechend sein.

Als Jesus hörte, daß sein Freund Lazarus krank war, war seine spontane Reaktion die eines Glaubenden: **Diese Krankheit ist nicht zum Tode** *(Joh 11,4)*. Das ist seine Reaktion im Glauben auf die Neuigkeit. Der Feind mag seinem geliebten Freund das Leben durch Krankheit stehlen wollen, aber er wird sich nicht durchsetzen. Das ist ein Bekenntnis des Glaubens und eine Äußerung des göttlichen Unwillens.

Weil er Glauben in seinem Herzen hat, eilt Jesus nicht zum Ort des Geschehens. Mit seinen Augen des Glaubens sieht er Lazarus schon lange vor dem Ereignis auferstehen. Erst vier Tage später kommt er zu dem Grab. Jede seiner Handlungen zeigt seinen Glauben. **Jesus sprach: Hebt den Stein weg!** *(Joh 11,39)* Würde er so etwas sagen, wenn er nicht ein Wunder erwartete?

Er ist darauf bedacht, daß Gott verherrlicht werde: **Diese Krankheit ist nicht zum Tode, sondern zur Verherrlichung Gottes, damit der Sohn Gottes dadurch verherrlicht werde** *(Joh 11,4)*. **Habe ich dir nicht gesagt: Wenn du glaubst, wirst du die Herrlichkeit Gottes sehen?** *(Joh 11,40)*

Er möchte, daß sein Vater durch dieses Ereignis verherrlicht werde - Satans scheinbarer Triumph wird in eine Niederlage verwandelt. Seines Vaters Herrlichkeit zeigt sich im Sohn, wenn er im Glauben handelt.

Er steht vor dem Grab und betet: **Vater, ich danke dir, daß du mich erhört hast. Ich weiß, daß du mich allezeit hörst; aber um des Volkes wil-**

len, das umhersteht, sage ich's, damit sie glauben, daß du mich gesandt hast *(Joh 11,41-42)*.
Das ist ein Gebet im Glauben. Jesus weiß, daß sein Vater ihn allezeit hört. Er glaubt, daß er seine Antwort bekommen hat, bevor dieses Vertrauen sich als begründet erweist. Seine Art zu beten ist ein Beispiel, für alle, die umherstehen.
Dann spricht er zu dem "Berg" mit einem Machtwort: **Lazarus, komm heraus!** *(Joh 11,43)* Und er tut es!
Erinnere dich daran, was Jesus uns lehrt, **glaubt nur, daß ihr's empfangt, so wird's euch zuteilwerden** *(Mk 11,24)*. So sieht dieser Grundsatz in der Praxis aus. Jesus hat Glauben; er hat von Anfang an keinen Zweifel am Ausgang des Geschehens. Er weiß in seinem Herzen, was passieren wird.
Nun wirst du wohl nicht sehr oft Tote aufzuerwecken haben, doch du mußt trotzdem immer mit Glauben beten. Denk daran, es kommt nicht nur darauf an, was du in deinem Gebet sagst. Wie Jesus sollst du Glauben in deinem Herzen haben. Alle deine Worte und Taten sollen aus dieser Haltung deines Herzens kommen. Glaube, der nur äußerlich wie ein Mantel zu sehen ist, ist kein richtiger Glaube! Es ist das Gebet und der Wunsch des Herzens, auf die Gott versprochen hat zu antworten.
Du sollst mit den Worten Jesu zum Vater beten. Weil du in ihm lebst, sind diese Worte genauso wahr für dich wie für ihn. Dein himmlischer Vater hört dich allezeit, und er verspricht, auf den Ruf deines Herzens zu reagieren.

MEDITATION:

Vater, ich danke dir, daß du mich erhört hast. Ich weiß, daß du mich allezeit hörst. *(Joh 11,41-42)*

Wieviel mehr wird euer Vater im Himmel Gutes geben denen, die ihn bitten! *(Mt 7,11)*

Deinem Namen gib Ehre um deiner Gnade und Treue willen! *(Ps 115,1)*

LOB:

Und das ist die Zuversicht, die wir haben zu Gott: Wenn wir um etwas bitten nach seinem Willen, so hört er uns. Und wenn wir wissen, daß er uns hört, worum wir auch bitten, so wissen wir, daß wir erhalten, was wir von ihm erbeten haben. *(1.Joh 5,14-15)*

32. WORTE DES GLAUBENS SPRECHEN

Nehmt an, ein Baum ist gut, so wird auch seine Frucht gut sein; oder nehmt an, ein Baum ist faul, so wird auch seine Frucht faul sein. Denn an der Frucht erkennt man den Baum. *(Mt 12,33)*

Heiliger Geist, hilf mir, Worte des Glaubens zu sprechen.

LESUNG: Matthäus 12,35-37

Ein guter Mensch bringt Gutes hervor aus dem guten Schatz seines Herzens; und ein böser Mensch bringt Böses hervor aus seinem bösen Schatz. Ich sage euch aber, daß die Menschen Rechenschaft geben müssen am Tage des Gerichts von jedem nichtnutzigen Wort, das sie geredet haben. Aus deinen Worten wirst du gerechtfertigt werden, und aus deinen Worten wirst du verdammt werden.

Das sind einige der furchteinflößendsten Worte, die Jesus sprach, und sie zeigen uns, wie bedeutend es ist, auf welche Weise wir unseren Mund gebrauchen. Jakobus warnt: **Mit der Zunge loben wir den Herrn und Vater, und mit ihr fluchen wir den Menschen, die nach dem Bilde Gottes gemacht sind. Aus einem Munde kommt Loben und Fluchen. Das soll nicht so sein, liebe Brüder. Läßt auch die Quelle aus einem Loch süßes und bitteres Wasser fließen?** *(Jak 3,9-11)*

Die Art, wie du sprichst, zeigt, was du glaubst. Wenn du voller Glauben bist, wird dein Mund entsprechend erwartungsvoll reden. Wenn du voller Angst und Unglauben bist, wirst du negativ sprechen. Wenn du geteilten Herzens bist, wirst du verwirrend sprechen, vom Glauben zum Zweifeln schwanken und wieder zum Glauben zurück. Du wirst dir nicht sicher sein, was du wirklich glaubst.

Ein guter Baum kann nur gute Früchte tragen. Ein überzeugtes Herz kann nur überzeugte Worte voll Glauben und Ermutigung haben. Ein lobendes Herz wird sich in Gott freuen ohne Rücksicht auf die Umstände. Was um einen herum passiert, wird keinen Einfluß auf diese Haltung unseres Herzens haben.

Viele Menschen behaupten, daß ihre Probleme ihre negativen Reaktionen hervorbringen. Das ist nicht der Fall, das Problem hat nur die schlechte Haltung des Herzens, die schon vorhanden war, aufgedeckt. Es hat die negative Reaktion nicht ausgelöst, sondern nur aufgedeckt. Was im Dunkeln versteckt war, ist ans Licht gekommen.

Aus diesem Grund können zwei Menschen in ganz verschiedener Weise auf dieselben Umstände reagieren. Der eine wird sofort niedergeschlagen und frustriert, ängstlich und sogar aggressiv sein. Der andere wird auf Jesus schauen, ihm sein Problem anvertrauen und auf ihn bauen. Es hängt alles davon ab, wie es im Herzen aussieht.

Deshalb ist es wichtig, die Worte Gottes in deinem Herzen zu bewahren, so daß sie eine Quelle des Lebens in dir werden. Wenn die Wahrheit in deinem Herzen ist, wird es dein Mund verkünden. Deine Worte werden wie der Klang einer Note in Harmonie mit der Melodie des Wortes Gottes sein, im Gegensatz zu einem dissonanten Ton gegen seinen Willen.

Die Antwort auf Angst und Zweifel ist nicht, den Herrn zu bitten, sie wegzunehmen, sondern eher, anzufangen, ein überzeugtes Bekenntnis abzulegen. Es ist keine Verdammnis, von Zweifeln befallen zu werden, das ist das Werk des Teufels, und er liebt es, den Glauben der Kinder Gottes zu versuchen und zu untergraben. Die Art und Weise, ihn loszuwerden läßt sich von Jesus lernen: **Es steht geschrieben ...** *(Lk 4,4.8.10).*

Du wirst merken, daß es hilft, Gottes Wort in dir lebendig werden zu lassen, indem du die Wahrheit Gottes aussprichst. Wenn du es sagst, glaub es! Das sagt Gott zu dieser Angelegenheit! Du wirst gute Erfahrungen machen, wenn du standhaft in allen schwierigen Lagen an dieser Überzeugung festhältst. Das ist sehr viel wirksamer als das Schlechte in der Welt, die Lust und den Teufel zu beklagen.

Sammle Gutes in deinem Herzen - und Gutes wird aus deinem Herzen kommen. Gott hat dir einen Mund gegeben. Du hast die Fähigkeit, Worte des Unglaubens, der Angst, des Zweifels auszusprechen, aber auch - wie Jesus es tat - Worte des Glaubens.

MEDITATION:

Laßt das Wort Christi reichlich unter euch wohnen. *(Kol 3,16)*

Behüte dein Herz mit allem Fleiß, denn daraus quillt das Leben.

(Spr 4,23)

Vergiß meine Weisung nicht, und dein Herz behalte meine Gebote, denn sie werden dir ein langes Leben bringen und gute Jahre und Frieden.

(Spr 3,1-2)

LOB:

Ich will singen von der Gnade des Herrn ewiglich und seine Treue verkünden mit meinem Munde für und für. *(Ps 89,2)*

33. FESTHALTEN

(Meine Worte) sind das Leben denen, die sie finden, und heilsam ihrem ganzen Leibe. *(Spr 4,22)*

Vater, ich glaube, daß du über deinem Wort wachst, daß es in meinem Leben Frucht bringen wird.

LESUNG: Lukas 8,11-15

Das Gleichnis aber bedeutet dies: Der Same ist das Wort Gottes. Die aber auf dem Weg, das sind die, die es hören; danach kommt der Teufel und nimmt das Wort aus ihrem Herzen, damit sie nicht glauben und selig werden. Die aber auf dem Fels sind die: wenn sie es hören, nehmen sie das Wort mit Freuden an. Doch sie haben keine Wurzel; eine Zeitlang glauben sie, und zu der Zeit der Anfechtung fallen sie ab. Was aber unter die Dornen fiel, sind die, die es hören und gehen hin und ersticken unter den Sorgen, dem Reichtum und den Freuden des Lebens und bringen keine Frucht. Das aber auf dem guten Lande sind die, die das Wort hören und behalten in einem feinen, guten Herzen und bringen Frucht in Geduld.

Gott wird seinem Wort nie untreu werden, er wird verwirklichen, was er verheißen hat. Oft erreicht deine Erfahrung nicht die Höhe der Verheißungen, aber Gott möchte deine Erfahrungen auf das Niveau der Verheißungen heben, nicht sein Wort auf das Niveau deiner Erfahrungen senken. Es hat keinen Sinn, Gottes Willen in Frage zu stellen, wenn er seine Absicht klar in seinem Wort erklärt hat. Gottes Willen wird nie seinem Wort widersprechen. Wenn Gott jemals seinem Wort untreu werden sollte, würde er seinen Sohn verleugnen. Das wird er niemals tun, denn er ist nicht in sich selbst geteilt. Er wird den Bund halten, das bindende Versprechen, das er uns als seinen Kindern gegeben hat und das besiegelt und bestätigt wurde durch das Blut Jesu.

Gott will, daß du ihn bei seinem Wort nimmst. Wenn du glaubst, was er sagt, wirst du mit ganzem Herzen an seinem Wort festhalten, auch angesichts widriger Umstände.

Abraham erlangte Gottes Verheißungen durch geduldigen Glauben. Jesus hat nie sofortige Antworten auf alle unsere Gebete versprochen. Oft sind Geduld und Ausdauer vonnöten, bis die Verheißung erfüllt ist, und der Glaube wird auf eine harte Probe gestellt. Während du wartest, sollst du sein Wort weiter empfangen und es in einem feinen, guten Herzen behalten.

Jedesmal, wenn du im Glauben schwankst, komm zu Gott zurück und be-

kenne deine Zweifel. Er wird dir vergeben und du kannst zu seiner Wahrheit zurückkehren und ihn für seine Treue loben.
Niemand kann Gott davon abhalten, das zu tun, was er zu tun verspricht. Deshalb ist es wichtig, seine Verheißungen mit dem Herzen zu hören. Er wacht über sein Wort, daß es Frucht bringt. Die, die in dem Gleichnis Jesu hundertfach Frucht tragen, sind die, **die das Wort hören und behalten in einem feinen, guten Herzen und bringen Frucht in Geduld** *(Lk 8,15)*.

MEDITATION:

Ich, der Herr, sage es und tue es auch. *(Hes 36,36)*

Der Herr ist getreu in all seinen Worten. *(Ps 145,13)*

Denn Gott ist treu, durch den ihr berufen seid zur Gemeinschaft seines Sohnes Jesus Christus, unseres Herrn. *(1.Kor 1,9)*

LOB:

Mein Sohn, vergiß meine Weisung nicht, und dein Herz behalte meine Gebote, denn sie werden dir langes Leben bringen und gute Jahre und Frieden. *(Spr 3,1-2)*

34. DER HERR, DEIN ARZT

Ich bin der Herr, dein Arzt. *(2.Mose 15,26)*

Vater, ich möchte dich als meinen Arzt kennenlernen.

LESUNG: Lukas 4,14-21

Und Jesus kam in der Kraft des Geistes wieder nach Galiläa, und die Kunde von ihm erscholl durch alle anliegenden Orte. Und er lehrte in ihren Synagogen und wurde von jedermann gepriesen.
Und er kam nach Nazareth, wo er aufgewachsen war, und ging nach seiner Gewohnheit am Sabbat in die Synagoge und stand auf und wollte lesen. Da wurde ihm das Buch des Propheten Jesaja gereicht. Und als er das Buch auftat, fand er die Stelle, wo geschrieben steht: "Der Geist des Herrn ist auf mir, weil er mich gesalbt hat, zu verkündigen das Evangelium den Armen; er hat mich gesandt, zu predigen den Gefangenen, daß sie frei sein sollen, und den Blinden, daß sie sehen sollen, und den Zerschlagenen, daß sie frei und ledig sein sollen, zu verkündigen das Gnadenjahr des Herrn."
Und als er das Buch zutat, gab er's dem Diener und setzte sich. Und aller Augen in der Synagoge sahen auf ihn. Und er fing an, zu ihnen zu reden: Heute ist dieses Wort der Schrift erfüllt vor euren Ohren.

Es ist Gottes Natur zu heilen. Er offenbarte sich Israel als der Herr, ihr Arzt. Jesus kam, um den Willen seines Vaters zu erfüllen; er tat nur Dinge, die er seinen Vater tun sah - und viel Zeit seines öffentlichen Wirkens verbrachte er bei Krankenheilungen. Als er ans Kreuz ging, sorgte er für unser aller Heilung an Geist, Seele und Leib.

Jesus offenbarte den Wunsch des Vaters zu heilen. In gewissem Sinne ist alles, was Gott in unserem Leben tut, Teil seines heilenden Handelns: er rettet von Sünde, Krankheit, Armut und Tod. Seine Worte sind Worte des Heils, **sie sind das Leben denen, die sie finden, und heilsam ihrem ganzen Leibe** *(Spr 4,22).*

Du erfährst jedesmal Heilung, wenn du dich still hinsetzt und seine Worte in dir wirken läßt. Laß dieses Wort Gottes auf dich wirken: **Ich bin der Herr, dein Arzt.** Es ist kein Wort *über* Heilung, sondern ein Wort *der* Heilung. Gottes heilende Kraft kommt zu dir durch sein Wort.

Der Herr sagt zu dir persönlich: **Ich bin der Herr,** *dein* **Arzt.** Und er schenkt dir sein Leben und seine heilende Kraft, wenn du sein Wort empfängst.

Zu manchen Zeiten in denen es dir besonders nötig ist, kannst du mehrmals am Tag einige Minuten damit verbringen, von Jesus Heilung zu empfangen, so wie du dich jetzt seiner Zusage öffnest.

Erinnere dich noch einmal daran, Glaube kommt dadurch, daß du die Worte Christi in deinem Herzen hörst. Es mag so aussehen, als ob zunächst nur wenig passiert. Aber du wirst an einen Punkt kommen, wo der Geist die Worte der Wahrheit zu deinem Herzen sprechen wird. In dem Augenblick sind sie für dich persönlich bestimmt. Sie sind die Stimme Gottes, der zu dir spricht.

Wenn du betest, glaube, daß der Heilige Geist über dich kommt und deinem Leben und deinem Körper Heilung bringt. Sowohl das Wort als auch der Geist sind Mittel der Heilung Gottes für dich. Umso mehr, wenn sie in deinem Leben zusammenkommen.

Zudem wird der Heilige Geist durch dich an anderen handeln, an deiner Familie, deinen Freunden, deinen Glaubensgefährten. Lehre sie, still zu werden, den Herrn zu hören, wenn er Worte der Heilung zu ihren Herzen spricht. Du magst es als richtig empfinden, ihnen die Hand aufzulegen, für sie um den Heiligen Geist zu bitten, der sie heil macht. Ob du es tust oder nicht, du sollst wissen, daß Heilung und Kraft in Gottes Worten stecken und daß er dir jetzt Heilung für dein Leben zusagt.

MEDITATION:

Ich bin der Herr, dein Arzt. *(2.Mose 15,26)*

Er trieb die Geister aus durch sein Wort und machte alle Kranken gesund. *(Mt 8,16)*

Sondern sprich nur ein Wort, so wird mein Knecht gesund. *(Mt 8,8)*

LOB:

Ich aber hoffe auf den Herrn. Ich freue mich und bin fröhlich über deine Güte, daß du mein Elend ansiehst und nimmst dich meiner an in Not.
(Ps 31,7-8)

35. HEILUNG

Durch seine Wunden seid ihr heil geworden. *(1.Petr 2,24)*

Jesus, ich brauche die Offenbarung in meinem Herzen, daß ich durch deine Wunden geheilt bin.

LESUNG: Jesaja 53,4-10

Fürwahr, er trug unsre Krankheit und lud auf sich unsre Schmerzen. Wir aber hielten ihn für den, der geplagt und von Gott geschlagen und gemartert wäre. Aber er ist um unsrer Missetat willen verwundet und um unsrer Sünde willen zerschlagen. Die Strafe liegt auf ihm, auf daß wir Frieden hätten, und durch seine Wunden sind wir geheilt. Wir gingen alle in die Irre wie Schafe, ein jeder sah auf seinen Weg. Aber der Herr warf unser aller Sünde auf ihn.
Als er gemartert ward, litt er doch willig und tat seinen Mund nicht auf wie ein Lamm, das zur Schlachtbank geführt wird; und wie ein Schaf, das verstummt vor seinem Scherer, tat er seinen Mund nicht auf. Er ist aus Angst und Gericht hinweggenommen. Wer aber kann sein Geschick ermessen? Denn er ist aus dem Lande der Lebendigen weggerissen, da er für die Missetat meines Volks geplagt war. Und man gab ihm sein Grab bei Gottlosen und Übeltätern, als er gestorben war, wiewohl er niemand Unrecht getan hat und kein Betrug in seinem Munde gewesen ist.
So wollte ihn der Herr zerschlagen mit Krankheit. Wenn er sein Leben zum Schuldopfer gegeben hat, wird er Nachkommen haben und in die Länge leben, und des Herrn Plan wird durch seine Hand gelingen.

Wenn du krank bist, ist es leicht, über Schmerzen, Unbequemlichkeit und Schwäche zu klagen. Je mehr du dich auf deine Probleme konzentrierst, desto mehr bekommen sie Gewalt über dich. Du glaubst in deinem Herzen, was dein Mund sagt. Wieviel gesünder ist es, Worte der Heilung zu sprechen, denn die Wahrheit wird dann in deinem Herzen wohnen.
Es gibt verschiedene Wege, Heilung von Jesus zu empfangen. Der entscheidende Punkt ist, zu verstehen, daß Jesus am Kreuz dein Problem schon ausgehandelt hat. **Fürwahr, er trug unsre Krankheit und lud auf sich unsre Schmerzen.** Er hat alle seelischen, körperlichen und die geistlichen Nöte schon beseitigt.
Jesus lud unsere Krankheit und Schmerzen auf sich. Er wurde verachtet und unterdrückt, damit du frei bist von Verachtung und Unterdrückung. Er litt für dich, damit du frei bist von Leiden. Durch seine Wunden bist du ganz

geheilt, an Leib, Seele und Geist. Sage es für dich selbst:

Durch seine Wunden bin ich geheilt.

Du bist kein "armer Mensch". Du brauchst dich auch nicht wegen deiner Krankheit verlassen zu fühlen. Sie ist eine Gelegenheit zu sehen, wie sich der Sieg Jesu über die Krankheit in deinem Leben verwirklicht. Spreche dein Vertrauen in Gottes Kraft und in seinen Willen, dich zu heilen, aus. Ohne ein solches Bekenntnis, das von Herzen kommt, wirst du dich selbst der Heilung entziehen, egal, wie oft du andere darum bittest, für dich zu beten. Gott hört das Gebet deines Herzens, und er weiß, was du wirklich glaubst. Glaube sagt nicht: "Gott wird mich heilen", sondern Glaube sagt: "Durch seine Wunden bin ich geheilt." Er hat es schon getan.

Diese Wahrheit soll in deinem Herzen offenbar werden. Sei dir bewußt, daß jedesmal, wenn du Worte der Heilung empfängst, Gottes Heilung in dir wirkt. Sage dir diese Wahrheit: *Jesus trug meine Krankheit und meine Schmerzen.*

Du brauchst dich nicht zu fragen, ob Gott dich heilen will. Du kannst bekräftigen: In Christus hat er meine Nöte überwunden. Durch seine Gnade und durch die Kraft des Heiligen Geistes bist du fähig, seine Heilung zu erfahren. Wenn du diese Verheißung für dich wiederholst, sei dir bewußt, daß sie dir gilt.

Sei dir darüber im klaren, daß Gott oft von innen nach außen heilt. Es kann viel in dir heil werden, bevor äußerlich Heilung eintritt. Was auch immer Gott in deiner Situation tut, du kannst ihm danken, daß du durch die Wunden Jesu geheilt bist.

Laß dich nicht entmutigen, wenn die Heilung nicht sofort oder durch ein Wunder geschieht. Es gibt Heilungen, die so passieren, andere dauern länger. Kein Mensch wird in seinem Leben die vollständige Heilung von Geist, Seele und Leib erleben. Doch wenn du an Gottes Wort festhältst, wirst du mehr und mehr Heilung empfangen.

MEDITATION:

Durch seine Wunden seid ihr heil geworden. *(1. Petr 2,24)*

Fürwahr er trug unsre Krankheit und lud auf sich unsre Schmerzen.
(Jes 53,4)

Geh hin; dir geschehe, wie du geglaubt hast. *(Mt 8,13)*

LOB:

Kindeskinder werden deine Werke preisen und deine gewaltigen Taten verkündigen. *(Ps 145,4)*

36. DER HEILIGE GEIST HILFT

Wenn aber der Tröster kommen wird, den ich euch senden werde vom Vater, der Geist der Wahrheit, der vom Vater ausgeht, der wird Zeugnis geben von mir. *(Joh 15,26)*

Heiliger Geist, erfülle mich mit deinem Leben und deiner heilenden Kraft.

LESUNG: Johannes 16,12-15

Ich habe euch noch viel zu sagen; aber ihr könnt es jetzt nicht ertragen. Wenn aber jener, der Geist der Wahrheit kommen wird, wird er euch in alle Wahrheit leiten. Denn er wird nicht aus sich selber reden; sondern was er hören wird, das wird er reden, und was zukünftig ist, wird er euch verkündigen. Er wird mich verherrlichen; denn von dem Meinen wird er's nehmen und euch verkündigen. Alles, was der Vater hat, das ist mein. Darum habe ich gesagt: Er wird's von dem Meinen nehmen und euch verkündigen.

Der Heilige Geist wird dir helfen, Gottes Wahrheit zu bekennen. Das ist Teil seiner Aufgabe, seines Amtes an dir. **Aber der Tröster, der Heilige Geist, den mein Vater senden wird in meinem Namen, der wird euch alles lehren und euch an alles erinnern, was ich euch gesagt habe** *(Joh 14,26)*.

Gib nicht gleich auf, wenn Negatives dich angreift. Der Heilige Geist wird dich an das Gute erinnern, das das Schlechte bekämpft.

Wenn du Angst hast, sprich die Worte des Vertrauens laut aus, so wie "**Ich bin alle Zeit mit dir**". Wenn du deinen Glauben lebst und lernst, das Wort Gottes im Glauben zu bekennen, wird dein Leben umgestaltet werden; du wirst nicht mehr nur an Erfahrungen glauben und passiv auf das nächste Problem warten. Du merkst, daß du in Jesus lebst und er in dir, und dir alle Möglichkeiten Gottes zur Verfügung stehen, um mit jeder Situation umgehen zu können.

Wenn du von Nöten sprichst, hast du auch Nöte. Wenn du wie jemand sprichst, für den gesorgt wird, wirst du des Herrn Fürsorge erleben.

Wenn du von Krankheit sprichst, wirst du krank bleiben. Sprichst du aber von Heilung, wirst du Heilung erpfangen.

Wenn du von Verzweiflung sprichst, wird dir alles hoffnungslos erscheinen; wenn du Ermutigungen aussprichst, wirst du dich selbst ermutigen, und du erlebst, daß Gott dir in jeder Lage begegnet.

Es sind keine Formeln, die mechanisch wiederholt werden sollen, denn was du sagst, muß von Herzen kommen. Deswegen ist es so wichtig, die Wahrheit von Gottes Wort im Herzen zu haben und zu halten.

Bitte den Heiligen Geist, dir dabei zu helfen. Es ist nicht nötig, daß du mit eigener Kraft kämpfst, sondern daß du dich von Jesu Stärke tragen läßt. Er will dir helfen. Das ist seine Aufgabe, sein Wunsch. Rufe den Heiligen Geist zu jeder Zeit an - und er wird dir helfen. Er wird dir Gottes Wort sagen, er wird dir die Wahrheit bewußt machen und dich gegebenenfalls an manches erinnern.

Nimm die Worte Jesu, die er zu seinen Jüngern gesprochen hat, für dich. Laß ihn dir seinen Heiligen Geist einhauchen. Glaube daran, daß er es tut, während du betest.

MEDITATION:

Nehmt hin den Heiligen Geist! *(Joh 20,22)*

Der Heilige Geist ... wird euch an alles erinnern, was ich euch gesagt habe. *(Joh 14,26)*

(Der Geist) wird's von dem Meinen nehmen und euch verkündigen.

(Joh 16,15)

LOB:

Der Herr hat Großes an uns getan; des sind wir fröhlich. *(Ps 126,3)*

37. MACHT ÜBER SATAN

Der in euch ist, ist größer als der, der in der Welt ist. *(1.Joh 4,4)*

Jesus, ich möchte die Macht über das Böse, die du mir gibst, ausüben.

LESUNG: 1. Johannes 4,2-5

Daran sollt ihr den Geist Gottes erkennen: Ein jeder Geist, der bekennt, daß Jesus Christus in das Fleisch gekommen ist, der ist von Gott; und ein jeder Geist, der Jesus nicht bekennt, der ist nicht von Gott. Und das ist der Geist des Antichrists, von dem ihr gehört habt, daß er kommen werde, und er ist jetzt schon in der Welt. Kinder, ihr seid von Gott und habt jene überwunden, denn der in euch ist, ist größer als der, der in der Welt ist. Sie sind von der Welt; darum reden sie, wie die Welt redet, und die Welt hört sie.

Als Jesus vom Geist Gottes in die Wüste geführt wurde und der Teufel ihn versuchte, wies Jesus ihn mit Gottes Wort ab. Lerne, es auch zu tun! Du hast die Macht, ihn als den besiegten Feind abzuweisen. Gott gibt dir geistliche Waffen in beide Hände. In der einen Hand hältst du den Schild des Glaubens, **mit dem ihr auslöschen könnt alle feurigen Pfeile des Bösen** *(Eph 6,16)*. Mit diesem Schild in Position kannst du dem Feind sagen: Ich höre auf keine deiner Beschuldigungen und Lügen. In der anderen Hand hast du das Schwert des Geistes, d.h. Gottes Wort. Das ist die Wahrheit, die mächtig ist und auf die der Teufel keine Antwort hat. Er weiß um die Wahrheit dieser Worte. Doch Satan frohlockt, wenn dein Sprechen mit Gottes Wort nicht übereinstimmt. Da er der Vater aller Lügen ist, freut er sich, wenn Christen Schlechtes reden. In seiner Rolle als Ankläger und Verführer versucht er, dich zum Zweifeln an Gottes Verheißungen zu bringen und dich von deinem Unwertsein vor Gott zu überzeugen. Er will dich zum Widerspruch gegen die Wahrheit der Schrift verführen.

Der Geist ist es, der dich auf Gott hinweist. Er möchte dich dazu bringen, daß du nach oben und nach vorne schaust, nicht nach hinten oder auf dich selbst. Der Satan nährt alles Schlechte in dir. Er kann einen Sieg erringen, wenn du es zuläßt, daß du dich von allem Schlechten, das du je getan hast, verdammt fühlst. Doch du kennst die Wahrheit: **So gibt es nun keine Verdammnis für die, die in Christus Jesus sind** *(Röm 8,1)*.

Gott hat dir alle früheren Übertretungen vergeben, und er möchte, daß du jetzt in der Kraft seines Wortes lebst. Du lebst nicht mehr in Abhängigkeit deiner Gefühle und Ängste. Du bist nicht länger in der Defensive, einen

Angriff nach dem anderen abwartend, du kannst in die Offensive gegen den Feind gehen. **Die Waffen unsres Kampfes sind nicht fleischlich, sondern mächtig im Dienste Gottes, Festungen zu zerstören. Wir zerstören damit Gedanken und alles Hohe, das sich selbst erhebt gegen die Erkenntnis Gottes, und nehmen gefangen alles Denken in den Gehorsam gegen Christus** *(2.Kor 10,4-5).*

Du glaubst dem Geist Gottes, nicht den Lügen des Feindes. Wenn du betest, wird der Geist deinem Herzen die Wahrheit bezeugen, die du dir wieder und wieder bewußt machen sollst. Es geschieht durch den Heiligen Geist, daß diese Worte Teil deiner selbst werden, und er wird sie dir ins Gedächtnis rufen, wenn du dessen bedarfst; das richtige Wort zur richtigen Gelegenheit.

Der Geist Gottes in dir ist größer als die Macht des Feindes. Als Christ hast du Autorität über alle Kraft des Teufels bekommen. Laß dich von ihm nicht übertölpeln. Zeig ihm, wer der Chef ist. Benutze die Autorität, die dir über ihn gegeben ist.

MEDITATION:

Ich habe euch Macht gegeben ... über alle Gewalt des Feindes; und nichts wird euch schaden. *(Lk 10,19)*

Widersteht dem Teufel, so flieht er von euch. *(Jak 4,7)*

Er ... gab ihnen Macht über die unreinen Geister, daß sie die austrieben und heilten alle Krankheiten und alle Gebrechen. *(Mt 10,1)*

LOB:

Aus dem Munde der jungen Kinder und Säuglinge hast du eine Macht zugerichtet um deiner Feinde willen, daß du vertilgst den Feind und den Rachgierigen. *(Ps 8,3)*

38. Mit Lob erfüllt

Dienet dem Herrn mit Freuden, kommt vor sein Angesicht mit Frohlocken! Erkennet, daß der Herr Gott ist! Er hat uns gemacht und nicht wir selbst zu seinem Volk und zu Schafen seiner Weide. *(Ps 100,2-3)*

Heiliger Geist, möge doch immer ein Lied deines Lobes in meinem Herzen sein.

Lesung: Psalm 34,2-4

Ich will den Herrn loben allezeit; sein Lob soll immerdar in meinem Munde sein. Meine Seele soll sich rühmen des Herrn, daß es die Elenden hören und sich freuen. Preiset mit mir den Herrn und laßt uns miteinander seinen Namen erhöhen!

Dein Gebet zu Gott ist wie ein Samen des Glaubens, den du pflanzt und der mit Lob begossen werden muß. Lob konzentriert sich eher auf den Herrn selbst, als auf seine Gaben und seinen Segen für uns. Je stärker du deine Aufmerksamkeit ausschließlich auf ihn richtest, desto besser wirst du verstehen, daß er weit größer ist als deine Lage oder dein Bedürfnis. Du kannst dich seiner, seines Sieges und seiner Fürsorge, die durch Jesus möglich ist, erfreuen. Je besser du den Herrn kennst, desto mehr wirst du ihn loben; und je mehr du ihn preist, desto besser wirst du ihn kennenlernen. Die das Loben nicht mögen, verraten damit ihre mangelhafte Beziehung zu Jesus.

Lob ist ein Lebensstil. Es bedeutet weit mehr, als dem Herrn Hymnen oder geistliche Lieder zu singen, es betrifft dein ganzes Handeln und soll sich in jedem Bereich deines Lebens festmachen lassen.

David war jemand, der die Tiefe von Verzweiflung und Verlassenheit erlebt hatte; doch selbst als er von seinen Feinden in unheilvollen Situationen umgeben war, konnte er sagen: **Was betrübst du dich, meine Seele, und bist so unruhig in mir? Harre auf Gott; denn ich werde ihm noch danken, daß er meines Angesichts Hilfe und mein Gott ist** *(Ps 42,12)*.

Gottes Liebe zu dir ist sicher und felsenfest: Er ist deines Lobes immer wert. Das Wichtigste beim Loben ist, Gott zu sagen, wie wertvoll er dir ist. Ob du nun das Bedürfnis hast, ihn zu loben und zu preisen oder nicht, er ist es immer wert. Es wird Zeiten geben, in denen du Gottes Licht bewußt erlebst, und Zeiten, in denen alles dunkel und schwer *erscheint*. In Gott findest du immer Licht, in ihm herrscht nie Dunkelheit. Selbst, wenn er dunkle Seiten in deinem Leben aufdeckt, um sie zu beseitigen, bleibt sein Licht ungetrübt. Lob lenkt deine Aufmerksamkeit von dir, von deinen

Gefühlen und der Dunkelheit weg auf Gott.

Je dunkler die Situation ist, desto dringender brauchst du Gottes Licht, desto größer ist deshalb auch die Notwendigkeit des Lobes. Und doch tun viele Menschen genau das Gegenteil. Je größer die Schwierigkeit, desto weniger fühlen sie sich geneigt, Gott zu loben. Stattdessen konzentrieren sie sich auf das Problem und ihre eigenen Gefühle.

Lob soll in deinem Leben als Christ ständig dasein. Es ist so einfach, auf sich selbst zu schauen und sich zu analysieren, anstatt dem Geist zu erlauben, dich durch Lob und Freude in das Licht und die Herrlichkeit Gottes zu führen.

Höre nicht auf die Lügen des Feindes. Er sagt dir, daß es nicht echt ist, wenn du Gott lobst, ohne das Bedürfnis zu verspüren. Er will dir sogar weismachen, daß es scheinheilig ist, so zu handeln. Der Betrüger betrügt! Er wird alles versuchen, dich daran zu hindern, Gott zu loben und deine Aufmerksamkeit auf ihn zu lenken.

Es empfiehlt sich, vor jedem Gebet einen oder zwei Lobpsalmen zu lesen, besonders wenn dir das Beten schwerfällt. Das richtet dein Herz und deine Gedanken auf den Herrn selbst, und hilft dir, deine Lage in die richtige Perspektive zu rücken. Egal in welcher Situation du bist, er liebt dich, sorgt für dich und will das Beste für dich.

MEDITATION:

Lobe den Herrn, meine Seele, und was in mir ist, seinen heiligen Namen! *(Ps 103,1)*

Freuet euch in dem Herrn allewege, und abermals sage ich: Freuet euch! *(Phil 4,4)*

Seid allezeit fröhlich, betet ohne Unterlaß, seid dankbar in allen Dingen; denn das ist der Wille Gottes in Christus Jesus an euch.
(1.Thess 5,16-18)

LOB:

Alles, was Odem hat, lobe den Herrn. *(Ps 150,6)*

39. SIEG

Gott aber sei Dank, der uns den Sieg gibt durch unsern Herrn Jesus Christus! *(1.Kor 15,57)*

Herr Jesus, ich will jemand sein, der alles weit überwindet durch deinen Sieg.

LESUNG: Römer 8,31-39

Was wollen wir nun hierzu sagen? Ist Gott für uns, wer kann wider uns sein? Der auch seinen eigenen Sohn nicht verschont hat, sondern hat ihn für uns alle dahingegeben - wie sollte er uns mit ihm nicht alles schenken? Wer will die Auserwählten Gottes beschuldigen? Gott ist hier, der gerecht macht. Wer will verdammen? Christus Jesus ist hier, der gestorben ist, ja vielmehr, der auch auferweckt ist, der zur Rechten Gottes ist und uns vertritt. Wer will uns scheiden von der Liebe Christi? Trübsal oder Angst oder Verfolgung oder Hunger oder Blöße oder Gefahr oder Schwert? Wie geschrieben steht: "Um deinetwillen werden wir getötet den ganzen Tag; wir sind geachtet wie Schlachtschafe". Aber in dem allen überwinden wir weit durch den, der uns geliebt hat. Denn ich bin gewiß, daß weder Tod noch Leben, weder Engel noch Mächte noch Gewalten, weder Gegenwärtiges noch Zukünftiges, weder Hohes noch Tiefes noch eine andere Kreatur uns scheiden kann von der Liebe Gottes, die in Christus Jesus ist, unserm Herrn.

Bekenne die Wahrheit von Gottes Wort: *Aber in allem überwinde ich weit durch den, der mich geliebt hat.* Wodurch kannst du alles weit überwinden? Du lebst in dem Sieg, den Jesus schon errungen hat.

Nichts kann dich scheiden von der Liebe Christi. Du kannst 'Trübsal oder Angst oder Verfolgung oder Hunger oder Gefahr oder Schwert' durch ihn überwinden. Du bist Sieger über den Tod und alles, was in diesem Leben wider dich ist. Weder Gegenwärtiges noch Zukünftiges kann dich von seiner Liebe trennen.

Jesus verspricht denen, die ihm folgen, kein einfaches Leben. "In der Welt habt ihr Angst" sagt er, aber er fährt fort, indem er auf den Sieg verweist: "Aber seid getrost, ich habe die Welt überwunden." *(Joh 16,33)*. Wenn du an ihn glaubst, kannst auch du die Welt überwinden. Unser Glaube ist der Sieg, der die Welt überwunden hat. Wer ist es aber, der die Welt überwindet, wenn nicht der, der glaubt, daß Jesus Gottes Sohn ist? *(1.Joh 5,4-5)* Du kannst deinen Glauben ausüben und vertrauensvoll sagen:

Dadurch, daß ich glaube, daß Jesus Gottes Sohn ist, habe ich die Welt überwunden. Paulus sagt, daß Gott **uns allezeit Sieg gibt in Christus** *(2.Kor 2,14)*. Man kann sich nicht vorstellen, daß Jesus uns in Versagen, Verzweiflung, Schmerz oder Krankheit, Versuchung oder Elend führt. Er führt Gottes Kinder auf Wegen des Friedens, des Wohlergehens, der Gesundheit und Ganzheit, der Kraft und der Fürsorge. Jesus ist nicht gekommen, um deine Not zu erhalten, sondern um sie zu lindern. Deshalb kannst du für dich bestätigen: *Er gibt mir allezeit den Sieg.* Wenn du die Wahrheit kennst, kannst du Vertrauen haben, egal in welch widrigen Umständen du dich befindest. Du kannst zu Gott sagen, der nie lügt: "Herr, du gibst mir den Sieg. Ich werde deinen Sieg in dieser Situation erleben. Halleluja". Er verspricht: **Ich will dich nicht verlassen noch von dir weichen** *(Jos 1,5)*. Du kannst also voll Vertrauen nach vorne sehen, denn nichts kann dich von seiner Liebe trennen.

Sieh die Schwierigkeiten in deinem Leben als Gelegenheiten an, den Sieg Jesu wieder und wieder zu erleben. Gott läßt die Versuchungen an uns zu, aber er will nie, daß die Situation uns beherrscht. Er hat den Sieg für uns greifbar gemacht.

Die Welt sieht die Kirche nicht als Gemeinschaft voller Glauben und Kraft, sondern als eine schwache Institution, der Menschen angehören, die genauso viele Ängste haben wie andere. Wenn wir zu einem neuen Leben im Geist wiedergeboren sind, ist das nicht das Bild, das die Welt von uns haben sollte. Die Menschen sollten den Sieg in unserem Leben erkennen, im Gegensatz zur Verzweiflung und Niederlage derer, die nicht zu Jesus gehören. Sogar im Tod ist ein Christ siegreich, weil er bei dem auferstanden Christus sein wird. Wir erleben nur Niederlagen, wenn wir unser Leben in Christus und sein Leben in uns nicht als Wahrheit annehmen.

Höre Gottes Wort, wie es dir persönlich vom Heiligen Geist zugesprochen wird. Du wirst alles weit überwinden durch Jesu Liebe zu dir. Du hast einen siegreichen Glauben, der die Welt, das Fleisch und den Teufel überwunden hat.

MEDITATION:

Aber in dem allen überwinden wir weit durch den, der uns geliebt hat.
(Röm 8,37)

Aber seid getrost, ich habe die Welt überwunden. *(Joh 16,33)*

Unser Glaube ist der Sieg, der die Welt überwunden hat. *(1.Joh 5,4)*

LOB:

Du gibst mir den Schild deines Heils, und deine Rechte stärkt mich.
(Ps 18,36)

TEIL 5

DEIN LEBEN IM GEIST

40. EIN NEUES HERZ

Und ich will euch ein neues Herz und einen neuen Geist in euch geben und will das steinerne Herz aus eurem Fleisch wegnehmen und euch ein fleischernes Herz geben. *(Hes 36,26)*

Danke, Vater, daß du mir ein neues Herz gegeben hast.

LESUNG: Römer 8,2-4

Denn das Gesetz des Geistes, der lebendig macht in Christus Jesus, hat dich frei gemacht von dem Gesetz der Sünde und des Todes. Denn was dem Gesetz unmöglich war, weil es durch das Fleisch geschwächt war, das tat Gott: er sandte seinen Sohn in der Gestalt des sündigen Fleisches und um der Sünde willen und verdammte die Sünde im Fleisch, damit die Gerechtigkeit, vom Gesetz gefordert, in uns erfüllt würde, die wir nun nicht nach dem Fleisch leben, sondern nach dem Geist.

Im alten Bund zeigte Gott seine Absichten dem Volk durch die Gebote, die er ihnen gab. Aber dieses Gesetz gab den Menschen keine Motivation oder Kraft, die sie fähig gemacht hätte, dem Herrn zu gehorchen. Statt dessen entschieden sie sich dafür, ihre eigenen Wege zu gehen; denn Gott zu gefallen, erforderte zu große Anstrengung und Willenskraft. Oft verhärteten sich ihre Herzen gegen ihn, denn sie wollten ihre Wünsche befriedigen.

Im neuen Bund verspricht Gott, die steinernen Herzen durch neue zu ersetzen. Sein Gesetz sollte nicht länger auf steinerne Tafeln geschrieben sein, sondern in ihre Herzen. Dann werden sie ihm gefallen wollen.

Der Herr hat dir ein funkelnagelneues Herz gegeben! Du brauchst dich nicht abzumühen, Gott auf deine Weise zu gefallen: durch seinen Geist hast du seine Liebe und Kraft, die in dir wirken. Du hast das Herz, das ihm gefällt und die Fähigkeit, ihm zu dienen. Du hast ein Herz, das den Wunsch nach Lob, Liebe und Gehorsam verspürt. **Deinen Willen, mein Gott, tue ich gern** *(Ps 40,9)*.

Paulus sagt, **das Alte ist vergangen, siehe, Neues ist geworden.** *(2.Kor 5,17)*. Gott hat dein altes Herz weggenommen und dir ein neues gegeben. Dein altes Leben ohne Jesus ist zu Ende, dein neues Leben in ihm hat begonnen. Der größte Wunsch des Geistes in dir ist, dem Herrn zu gefallen - nicht aufgrund eines erzwungenen Gehorsams, sondern aufgrund einer echten Sehnsucht danach. Der Geist Jesu lebt in deinem neuen Leben, gibt dir die Liebe zu Gott und macht dich fähig, seinen Willen zu erfüllen. Dieses geistliche Herz möchte deine Seele (dein Gewissen, deinen Willen, deine Gefühle) beeinflussen, alles, was noch nicht unter der Herrschaft Gottes ist. Gelegentlich wirst du versuchen, dir zu gefallen statt dem Herrn. Aber was Gott in dein neues Herz legt, soll in deinem ganzen Leben Kreise ziehen. Das Problem liegt darin, daß du in dir eine Mischung feststellen wirst, die zum Konflikt führt. Auf der einen Seite suchst du dir selbst zu gefallen, denn die Eigenliebe besteht weiter in deinem Leben. Auf der anderen Seite will Jesus dich zu einem Ende dieser Eigenliebe bringen, denn je mehr du dich ihm unterordnest, desto besser wird es dir gehen, und um so mehr inneren Frieden wirst du haben. Sei nicht überrascht oder erschrocken über den Konflikt in dir. Er ist ein Zeichen, daß der Heilige Geist in dir arbeitet, indem er dich auf die Worte Jesu und seine Lebensweise hinweist. Immer wenn du seinem Wunsch nachkommst, preist du ihn. Gehorchst du dem Fleisch, deinem natürlichen 'Instinkt', kränkst du ihn; auch wenn du dann zu ihm zurückkommen kannst, ihn um Vergebung bitten und dich erneut seinem Willen unterordnen.

Laß den Herrn sein Geschenk an dich erneuern. Höre seine Verheißung, und sei dir bewußt, daß er seinen Geist in dir ausgießt, wenn du betest.

MEDITATION:

Ich will euch ein neues Herz und einen neuen Geist in euch geben.
(Hes 36,26)

Du sollst den Herrn, deinen Gott, lieben von ganzem Herzen. *(Mk 12,30)*

Ich bin sanftmütig und von Herzen demütig. *(Mt 11,29)*

LOB:

Ihr Gerechten, freut euch des Herrn und danket ihm und preiset seinen heiligen Namen! *(Ps 97,12)*

41. DIE ROLLE DES HEILIGEN GEISTES

Wenn aber jener, der Geist der Wahrheit, kommen wird, wird er euch in alle Wahrheit leiten. *(Joh 16,13)*

Heiliger Geist, ich danke dir, daß du in mir lebst.

LESUNG: Psalm 51,12-15

Schaffe in mir, Gott, ein reines Herz, und gib mir einen neuen, beständigen Geist. Verwirf mich nicht von deinem Angesicht, und nimm deinen heiligen Geist nicht von mir. Erfreue mich wieder mit deiner Hilfe, und mit einem willigen Geist rüste mich aus. Ich will die Übertreter deine Wege lehren, daß sich die Sünder zu dir bekehren.

Jesus sagt uns, **der Geist wird's von dem Meinen nehmen und euch verkündigen** *(Joh 16,15)*. Er sagte auch, daß der Heilige Geist **uns in alle Wahrheit leiten** wird *(Joh 16,13)*.

Der Geist wird dich alles lehren - deshalb solltest du deine Aufmerksamkeit darauf lenken, was der Geist bewirken möchte. Paulus erzählt den Römern: **Ihr aber seid nicht fleischlich, sondern geistlich, wenn denn Gottes Geist in euch wohnt** *(Röm 8,9)*.

Du darfst nicht zulassen, daß dein Denken von fleischlichen Gelüsten beherrscht wird, wenn du den Geist Gottes in deinem Herzen hast, der dein Denken und Reden so leiten will, daß du im Einklang mit Gottes Gedanken und Worten stehst. Früher lebtest du, um dir selbst zu gefallen, heute lebst du für ihn. Wenn du deine Gedanken immer noch auf die sündigen Begierden des Fleisches richtest, betrübst du den Herrn und leugnest damit das Wirken des Heiligen Geistes in dir.

Dein neues Herz kann durch schlechte Wünsche befleckt werden, wenn du dich auf fleischliche Dinge konzentrierst. Wenn du zu Jesus zurückkehrst, wirst du wie David beten wollen: **Schaffe in mir, Gott, ein reines Herz, und gib mir einen neuen, beständigen Geist** *(Ps 51,12)*.

Wenn du in Reue zu ihm zurückkommst, gießt er erneut die Kraft seines Heiligen Geistes in dir aus. Du kannst dich wieder rein vor ihm fühlen, und deine Bereitschaft, auf seinen Wegen zu gehen, ist wiederhergestellt.

Wir aber haben Christi Sinn *(1.Kor 2,16)*. Der Heilige Geist möchte Gottes Gedanken in dein Denken hineinbringen, damit du in seiner Art denkst, statt auf deine eigene Weise. Da du es gelernt hast, deiner Natur gemäß - also oft negativ, dem Wort Gottes entgegengesetzt - zu denken, braucht es eine gewisse Zeit, bis dein Denken erneuert ist. Was du denkst, bestimmt

dein Tun. Aus diesem Grund sagt Paulus: **Die aber geistlich sind, die sind geistlich gesinnt** *(Röm 8,5)*.
Wir haben die Warnung in der Bibel, uns nicht auf unseren Verstand zu verlassen. Wir müssen lernen, daß Gottes Gedanken völlig von unseren abweichen können, doch seine Gedanken stehen höher als unsere. Seine Gedanken sind Wahrheit.
Unser Körper versucht, uns von Gottes Zielen abzuhalten, indem er uns seine Gelüste nach Befriedigung bewußt macht. Wir kennen den Konflikt zwischen dem Geist und dem Fleisch, doch wir haben Gottes Versprechen, daß er niemals zulassen wird, daß wir über unsere Kräfte hinaus versucht werden.
Der Herr steht im Mittelpunkt eines solchen Konflikts, denn sein Geist lebt in dir. Er in dir kämpft gegen die Welt, das Fleisch und den Teufel. **Denn der in euch ist, ist größer als der, der in der Welt ist** *(1.Joh 4,4)*.
Als Jesus vom Heiligen Geist sprach, sagte er auch, daß von uns, aus dem Inneren unseres Herzens, Ströme lebendigen Wassers fließen werden. **Das sagte er aber von dem Geist, den die empfangen sollten, die an ihn glaubten; denn der Geist war noch nicht da; denn Jesus war noch nicht verherrlicht** *(Joh 7,39)*.
Jetzt, da Jesus verherrlicht und sein Geist ausgegossen wurde, können viele Ströme von deinem Herzen fließen. Es sind keine Ströme negativen Denkens und kritisierenden Sprechens, sondern Ströme voller Lob und Glauben gegenüber Gott und Ströme der Liebe gegenüber anderen.
Gottes Geist in dir ist größer als all das Schlechte um dich. Gott ist größer als Satan. Der Geist ist mächtiger als das Fleisch. Jesus hat die Welt überwunden. Höre den Herrn jetzt seine Worte zu deinem Herzen sprechen, mit denen er deinen Glauben stärken will.

MEDITATION:

Denn der in euch ist, ist größer als der, der in der Welt ist. *(1.Joh 4,4)*

Geistlich gesinnt sein ist Leben und Friede. *(Röm 8,6)*

Lebt im Geist, so werdet ihr die Begierden des Fleisches nicht vollbringen. *(Gal 5,16)*

LOB:

Ja, die Gerechten werden deinen Namen preisen, und die Frommen werden vor deinem Angesicht bleiben. *(Ps 140,14)*

42. DER GEIST IN MIR

Denn Gott hat uns nicht gegeben den Geist der Furcht, sondern der Kraft und der Liebe und der Besonnenheit. *(2.Tim 1,7)*

Herr, bitte gib mir Stärke durch deinen Heiligen Geist.

LESUNG: 2. Timotheus 1,6-9

Aus diesem Grund erinnere ich dich daran, daß du erweckest die Gabe Gottes, die in dir ist durch die Auflegung meiner Hände. Denn Gott hat uns nicht gegeben den Geist der Furcht, sondern der Kraft und der Liebe und der Besonnenheit. Darum schäme dich nicht des Zeugnisses von unserm Herrn noch meiner, der ich sein Gefangener bin, sondern leide mit mir für das Evangelium in der Kraft Gottes. Er hat uns selig gemacht und berufen mit einem heiligen Ruf, nicht nach unsern Werken, sondern nach seinem Ratschluß und nach der Gnade, die uns gegeben ist in Christus Jesus vor der Zeit der Welt.

Wenn du über dich selbst die Wahrheit sagen sollst als jemand, dem Gott ein neues Herz und seinen Geist gegeben hat, mußt du sagen:
 Ich habe den Geist der Kraft.
 Ich habe den Geist der Liebe.
 Ich habe den Geist der Besonnenheit.
Du kannst also nie wahrhaftig sagen, daß dir die inneren Möglichkeiten fehlen, Gottes Liebe und Kraft anderen mitzuteilen.
Jesus versprach: **Aber ihr werdet die Kraft des heiligen Geistes empfangen, der auf euch kommen wird, und werdet meine Zeugen sein in Jerusalem und in ganz Judäa und Samarien und bis an das Ende der Erde** *(Apg 1,8)*. Weil du den Heiligen Geist empfangen hast, ist die Kraft Gottes in dir. Du brauchst keine Angst zu haben, denn er ist in dir gegenwärtig, und seine Kraft gehört dir. Diese Kraft ist größer als jede weltliche oder dämonische Macht. Die Kraft Gottes ist es, die dich fähig macht, alles zu tun, was er von dir verlangt.
Du hast den Geist der Kraft - der Kraft Gottes. Jesus betete, **daß die Liebe, mit der du mich liebst, in ihnen sei und ich in ihnen** *(Joh 17,26)*. Dieses Gebet wurde erfüllt an dir, als du den Heiligen Geist empfangen hast. Du hast die Liebe des Vaters und des Sohnes in dir. Das zeigt die Größe seiner Liebe zu dir und seinen Wunsch, daß seine Liebe durch dich ausgedrückt wird. *Du hast den Geist der Liebe* - nicht der Angst, des Hasses oder der

Lust, die der Liebe entgegenstehen.

Selbstbeherrschung ist eine Frucht des Heiligen Geistes *(Gal 5,23)*, eine der Eigenschaften, die er in den Gläubigen hervorruft. Du bist fähig, dein Denken zu kontrollieren und brauchst nicht die beängstigenden, schlechten, anklagenden und verurteilenden Gedanken zuzulassen, die der Feind in dein Gewissen pflanzen will. Wenn du richtig denkst, wirst du Gottes Willen entsprechend handeln. *Du hast den Geist der Selbstbeherrschung* - einen starken, disziplinierten Geist.

Dein Denken darf nicht Spielzeug des Feindes sein. Das ist sein erster Angriffspunkt. Er weiß, wenn er dich dazu bringen kann, unrichtig zu denken, und dann wirst du auch falsch sprechen und handeln. Der Heilige Geist dagegen teilt deinem Denken Gottes Gedanken mit, indem er dich an seine Worte erinnert. Er möchte, daß du bei jeder Gelegenheit auf seine Stimme achtgibst. Deswegen ist es so wichtig, seine Worte zu empfangen und sie im Herzen zu bewahren.

Du kannst frei von Angst leben, Jesus ist immer bei dir. Er lebt in dir und du in ihm. In ihm gibt es keine Furcht. Er liebt dich, und **die vollkommene Liebe treibt die Furcht aus** *(1.Joh 4,18)*.

Lobe den Herrn dafür, daß er dir den Geist der Kraft, der Liebe und der Besonnenheit gegeben hat. Dein Leben braucht nicht von bösen Gedanken oder Gefühlen beherrscht zu sein. Dein Vertrauen liegt in ihm, der dich vollkommen liebt.

MEDITATION:

Denn Gott hat uns nicht gegeben den Geist der Furcht, sondern der Kraft und der Liebe und der Besonnenheit. *(2.Tim 1,7)*

Aber ihr werdet die Kraft des heiligen Geistes empfangen, der auf euch kommen wird. *(Apg 1,8)*

Fürchtet euch nicht ... Ihr seid doch meine Zeugen! *(Jes 44,8)*

LOB:

Gott ist unsre Zuversicht und unsere Stärke, eine Hilfe in den großen Nöten, die uns getroffen haben. Darum fürchten wir uns nicht, wenngleich die Welt unterginge und die Berge mitten ins Meer sänken.
(Ps 46,2-3)

43. HERZ, GEIST UND LEIB

Ihr aber seid nicht fleischlich, sondern geistlich, wenn denn Gottes Geist in euch wohnt. *(Röm 8,9)*

Heiliger Geist, ich möchte auf deinen Wegen gehen und nicht vom Fleisch beherrscht werden.

LESUNG: Römer 12,1-2

Ich ermahne euch nun, liebe Brüder, durch die Barmherzigkeit Gottes, daß ihr eure Leiber hingebt als ein Opfer, das lebendig, heilig und Gott wohlgefällig ist. Das sei euer vernünftiger Gottesdienst. Und stellt euch nicht dieser Welt gleich, sondern ändert euch durch Erneuerung eures Sinnes, damit ihr prüfen könnt, was Gottes Wille ist, nämlich das Gute und Wohlgefällige und Vollkommene.

Der Herr möchte, daß du in deinem Leben die neunfache Frucht des Geistes trägst. Je mehr du dem Heiligen Geist in deinem Leben Platz gibst, desto mehr wird er in dir die Frucht der Liebe, der Freude, des Friedens, der Geduld, der Freundlichkeit, der Güte, der Treue, der Sanftmut und der Selbstbeherrschung hervorbringen. Er will seine Macht und Heilung in deinem Leben wirksam werden lassen. Von dir werden Ströme der Liebe zu anderen fließen, wenn du ihnen im Namen Jesu zu dienen suchst.

Dein Leib soll das neue Leben ausdrücken, das er dir gab. Es reicht nicht, nur den Heiligen Geist zu besitzen, Gott möchte, daß sein Leben in deinem Leben aufgeht. Er hat dich für sich heilig gemacht, deshalb sollst du ihm deinen Leib als lebendiges Opfer darbringen. Das ist der Gottesdienst, den er wünscht. Er erneuert dein Denken, so daß du seinen vollkommenen Willen erkennst, und er macht dich durch seinen Geist fähig, ihn zu erfüllen.

Die Wege der Welt laufen oft in eine andere Richtung als die Wege Gottes. Jeden Tag wirst du entscheiden müssen, ob du so handelst, wie es die Welt tut, dem Fleisch entsprechend und den Teufel verehrend, oder ob du lieber dich selbst verleugnest und Jesus nachfolgst.

Es gibt nichts Falsches an dem neuen Herzen, das Gott dir gegeben hat. Wenn du deinen Mund und dein Denken in rechter Weise gebrauchst, kommt die Fülle, die Gott in dein Herz gelegt hat, in deinem Leben zum Ausdruck. Du wirst aufhören, deinen Mund zu benutzen, um den Geist Gottes in dir zu verleugnen. Gott wird dein Denken und Sprechen verändern.

Um immer auf diesem Weg zu bleiben, ist es nötig, sich täglich von neuem Gott darzubringen. "Weiter, liebe Brüder: Was wahrhaftig ist, was ehrbar, was gerecht, was rein, was liebenswert, was einen guten Ruf hat, sei es eine Tugend, sei es ein Lob - darauf seid bedacht! Was ihr gelernt und empfangen und gehört und gesehen habt an mir, das tut; so wird der Gott des Friedens mit euch sein *(Phil 4,8-9).* Wenn du deinen Verstand in der richtigen Weise benutzt, wirst du auch richtig handeln. Die körperlichen Gelüste werden dich nicht leiten. Dein neues Herz wird deinen Verstand leiten und dieser deinen Körper. Auf diese Weise wird die Herrschaft Jesu, der ja dein Herr ist, ausgedrückt werden in deinem Leben. Du wirst das tun, was er von dir möchte.

Das Wort Gottes ist bei dieser ganzen Sache unverzichtbar. Der Heilige Geist in deinem Herzen bezeugt die Wahrheit des Wortes. Dein Verstand nimmt das Wort auf und setzt es in die Tat um.

Das Geheimnis heißt nicht, sich auf den Leib zu konzentrieren und ihn zu bekämpfen, sondern auf Jesus zu schauen und darum zu bitten, daß der Heilige Geist dich auf seinen Wegen leitet. Wenn du dich am Herrn freust, hat das Fleisch gar keine Möglichkeit, sich in den Vordergrund zu stellen.

Jesus möchte persönlich mit dir sprechen, und er ermahnt dich, den Heiligen Geist nicht nur zu empfangen, sondern auch durch ihn zu leben. Gott möchte jeden Teil von dir: Geist, Seele und Leib, um das Leben zu verkünden, das durch ihn in dir ist.

MEDITATION:

Lebt im Geist, so werdet ihr die Begierden des Fleisches nicht vollbringen. *(Gal 5,16)*

Jage aber nach der Gerechtigkeit, dem Glauben, der Liebe, dem Frieden mit allen, die den Herrn anrufen aus reinem Herzen. *(2.Tim 2,22)*

Es ist aber desto reicher geworden die Gnade unseres Herrn samt dem Glauben und der Liebe, die in Christus Jesus ist. *(1.Tim 1,14)*

LOB:

Gott, dein Weg ist heilig. Wo ist ein so mächtiger Gott, wie du, Gott, bist? *(Ps 77,14)*

44. LIEBENDER GEHORSAM

Liebt ihr mich, so werdet ihr meine Gebote halten. *(Joh 14,15)*

Jesus, ich will meine Liebe zu dir durch Gehorsam ausdrücken.

LESUNG: Lukas 6,46-49

Was nennt ihr mich aber Herr, Herr, und tut nicht, was ich euch sage? Wer zu mir kommt und hört meine Rede und tut sie - ich will euch zeigen, wem er gleicht. Er gleicht einem Menschen, der ein Haus baute und grub tief und legte den Grund auf Fels. Als aber eine Wasserflut kam, da riß der Strom an dem Haus und konnte es nicht bewegen; denn es war gut gebaut. Wer aber hört und nicht tut, der gleicht einem Menschen, der ein Haus baute auf die Erde, ohne Grund zu legen; und der Strom riß an ihm, und es fiel gleich zusammen, und sein Einsturz war groß.

Man kann sich diese beiden Häuser im Sturm gut vorstellen. Das eine widersteht der Macht des Windes und des Regens, das andere wird weggeschwemmt und fällt vollkommen zusammen. Das erste ist auf Fels gebaut, das andere auf Sand, ohne Fundament.

Diejenigen, die auf Fels bauen, sind es, die Jesu Worte hören und sie *tun*. Es reicht nicht, sein Wort nur zu hören, wir sollen das Wort leben. Es lohnt sich, tief zu graben, um sicherzugehen, daß dein Leben auf dem soliden Felsen der Worte Gottes ruht.

Der auf Sand baut, hört genauso die Worte Jesu, aber er setzt sie nicht in die Tat um. Weil er nicht nach dem Wort handelt, kann er den Stürmen des Lebens nicht widerstehen.

Im Gebet und auf manche andere Weise spricht Gott seine Worte zu unseren Herzen. Glaube rührt vom *Hören* dieser Worte, und er drückt sich durch das *Handeln* aus, das Handeln nach seinem Wort.

Jesus zeigt uns die Geborgenheit, die man findet, wenn man ihm gehorcht. Gehorsam ist ein Ausdruck deiner Liebe zu Gott. **"Wer meine Gebote hat und hält sie, der ist's, der mich liebt. Wer mich aber liebt, der wird von meinem Vater geliebt werden, und ich werde ihn lieben und mich ihm offenbaren** *(Joh 14,21)*.

Der Lohn für den Gehorsam ist erstaunlich: **Jesus antwortete und sprach zu ihm: Wer mich liebt, der wird mein Wort halten; und mein Vater wird ihn lieben, und wir werden zu ihm kommen und Wohnung bei ihm nehmen** *(Joh 14,23)*. Der Inhalt ist klar. Jesus sagt uns nicht nur, daß wir mit seiner Lehre übereinstimmen sollen, sondern daß wir sie leben sollen als

Ausdruck unserer Liebe zu ihm.

Unsere Liebe zu Jesus und unser Gehorsam sind eine Erwiderung seiner Liebe zu uns. Es ist unmöglich, diese Liebe angemessen in Worten auszudrücken. Wir können sie nur immer wieder und immer stärker erfahren und dankbar dafür sein. Das Wissen um diese Liebe ist wie ein Fels unter unseren Füßen.

Als Christen haben wir den Wunsch, anderen Gottes Liebe mitzuteilen. Wir tun es in unseren Beziehungen, im Annehmen und Vergeben, wir tun es in der Art, wie wir anderen dienen und sie ermutigen. All das ist Leben auf dem Fels, denn es ist Leben nach seinem Wort. Zu lieben, wie er uns geliebt hat, heißt, auf Fels zu bauen. Zu hören und ein Leben voller Haß, Lust, Gier und Egoismus zu führen, heißt, auf Sand zu bauen.

Wer aus Glauben lebt, baut auf Fels. Zu reden und zu leben als jemand in Christus bedeutet, auf Fels zu bauen. Die Gaben Gottes in dein Leben einzubringen heißt, auf Fels zu bauen. Seinen Verheißungen Glauben zu schenken heißt, auf Fels zu bauen. Dem Teufel und allen seinen Werken zu widerstehen heißt, auf Fels zu bauen. Denn das alles sind Möglichkeiten, Gottes Wort zu tun.

Wenn du dich auf dich verläßt anstatt auf Jesus, baust du auf Sand. Du magst das Wort zwar kennen und glauben, aber du *tust* es nicht. Das gleiche gilt, wenn du Schlechtes redest, nicht glaubst, daß du in Christus bist, auf Menschen und menschliche Fähigkeiten vertraust statt auf den Herrn und seine himmlischen Quellen. Auf Sand zu bauen, bedeutet auch, Gottes Verheißungen zu mißtrauen und dem Teufel zu erlauben, dich zu beherrschen.

Geh sicher, daß dein Haus auf Fels gebaut ist und lebe auf dem Fels, verlaß seine Wege nicht, indem du auf Sand läufst. Sei dir bewußt, daß Vater und Sohn Wohnung in dir genommen haben.

MEDITATION:

Liebt ihr mich, so werdet ihr meine Gebote halten. *(Joh 14,15)*

Wer meine Gebote hat und hält sie, der ist's, der mich liebt.
(Joh 14,21)

Wer mich aber liebt, der wird von meinem Vater geliebt werden, und ich werde ihn lieben und mich ihm offenbaren. *(Joh 14,21)*

LOB:

Er ... stellte meine Füße auf einen Fels, daß ich sicher treten kann.
(Ps 40,2)

45. Die Frucht des Geistes ist ... Freude

Und der Engel sprach zu ihnen: Fürchtet euch nicht! Siehe, ich verkündige euch große Freude, die allem Volk widerfahren wird.

(Lk 2,10)

Heiliger Geist, bitte erfülle mich mit Freude.

LESUNG: Johannes 16,20-24

Wahrlich, wahrlich, ich sage euch: Ihr werdet weinen und klagen, aber die Welt wird sich freuen; ihr werdet traurig sein, doch eure Traurigkeit soll in Freude verwandelt werden. Eine Frau, wenn sie gebiert, so hat sie Schmerzen, denn ihre Stunde ist gekommen. Wenn sie aber das Kind geboren hat, denkt sie nicht mehr an die Angst um der Freude willen, daß ein Mensch zur Welt gekommen ist. Und auch ihr habt nun Traurigkeit; aber ich will euch wiedersehen, und euer Herz soll sich freuen, und eure Freude soll niemand von euch nehmen. An dem Tag werdet ihr mich nichts fragen. Wahrlich, wahrlich, ich sage euch: Wenn ihr den Vater um etwas bitten werdet in meinem Namen, wird er's euch geben. Bisher habt ihr um nichts gebeten in meinem Namen. Bittet, so werdet ihr nehmen, daß eure Freude vollkommen sei.

Da Gott Liebe ist, ist die erste Frucht des Heiligen Geistes Liebe. Er ist der Geist der Liebe, der in dir lebt und der dich zu liebendem Gehorsam führen will. Trotzdem wird der Geist auch andere Früchte in dir reifen lassen.

Jesus war ein Mann der Freude. Wenn Gott seinen eigenen Sohn beschreibt, sagt er: **Du hast geliebt die Gerechtigkeit und gehaßt die Ungerechtigkeit; darum hat dich, o Gott, dein Gott gesalbt mit Freudenöl wie keinen deinesgleichen** *(Heb 1,9)*. Ein Leben voller Gerechtigkeit ist ein Leben voller Freude.

Manchmal sind Christen sehr streng und traurig, ohne die Freude auszudrücken, die von dem Wissen um Jesus kommt. Gott will, daß deine Freude vollkommen ist. **Bittet, so werdet ihr nehmen, daß eure Freude vollkommen sei** *(Joh 16,24)*.

Jesus sagt, daß wir in seiner Liebe leben sollen, so daß wir von Freude erfüllt werden. **Das sage ich euch, damit meine Freude in euch bleibe und eure Freude vollkommen werde** *(Joh 15,11)*. Niemand kann dir die Freude darüber nehmen, daß du den auferstandenen Christus kennst, **eure Freude soll niemand von euch nehmen** *(Joh 16,22)*.

Da Freude Teil der Frucht des Heiligen Geistes ist, hat Gott sie in dich gelegt, er will, daß diese Freude in deinem Leben zu spüren ist. So wie Gottes Liebe nicht auf einem Gefühl beruht, auch wenn sie sicherlich deine Gefühle berühren wird, so auch nicht seine Freude. Es geht hier um die Freude des Geistes, der stets in dir ist, unabhängig von Gefühlen und Umständen. Es ist die Freude, die kein Mensch, keine Situation, keine dämonische Kraft dir trüben können. Du hast diese Freude, ob du fröhlich bist oder nicht.

Gott beruft dich zu einem Leben im Glauben, und die Freude ist dein Glaubensbarometer. Man kann gläubig sein, ohne zugleich voller Freude zu sein. Deine Lage kann noch so hoffnungslos erscheinen, die Freude am Herrn ist deine Stärke! Du weißt, daß er stets bei dir ist. Du weißt, daß er dich nie verlassen noch sich von dir wenden wird. Du weißt, daß er deine Hilfeschreie hört und dir antwortet - auch wenn die Antwort nicht immer sofort sichtbar ist.

Selbst Buße kann voll Freude geschehen, nicht weil wir so gerne unsere Sünden bekennen, sondern weil wir uns von der Sünde ab- und ihm zuwenden, was uns seine Liebe von neuem offenbart.

Jesus **freute sich im Heiligen Geist** *(Lk 10,21)*, und das ist auch Gottes Wille für dich. Zeige diese Freude in Lob und Anbetung, in Liebe und im Dienst am Nächsten, indem du Gott und den Menschen ein fröhliches Herz zuwendest.

MEDITATION:

Das sage ich euch, damit meine Freude in euch bleibe und eure Freude vollkommen werde. *(Joh 15,11)*

Eure Freude soll niemand von euch nehmen. *(Joh 16,22)*

Die aber auf dem Fels sind die: wenn sie es hören, nehmen sie das Wort mit Freuden an. *(Lk 8,13)*

LOB:

Du tust mir kund den Weg zum Leben: Vor dir ist Freude die Fülle und Wonne zu deiner Rechten ewiglich. *(Ps 16,11)*

46. DIE FRUCHT DES GEISTES IST ... FRIEDEN

Und der Friede Gottes, der höher ist als alle Vernunft, bewahre eure Herzen und Sinne in Christus Jesus. *(Phil 4,7)*

Jesus, du bist mein Frieden.

LESUNG: Johannes 14,26-27

Aber der Tröster, der heilige Geist, den mein Vater senden wird in meinem Namen, der wird euch alles lehren und euch an alles erinnern, was ich euch gesagt habe. Den Frieden lasse ich euch, meinen Frieden gebe ich euch. Nicht gebe ich euch, wie die Welt gibt. Euer Herz erschrecke nicht und fürchte sich nicht.

Jesus erschien nach seiner Auferstehung seinen Jüngern und gab ihnen seinen Frieden: **Friede sei mit euch!** *(Joh 20,19)*. Er erfüllte damit ein Versprechen, das er ihnen früher gegeben hatte. Diese Worte waren nicht nur ein Gruß, sie übermittelten den Jüngern, die zu diesem Zeitpunkt voller Angst waren, seinen Frieden.

Der Friede Gottes entspricht nicht der üblichen Auffassung von Frieden. Die Menschen definieren Frieden als Zeit ohne Krieg oder als die Stille, wenn die Kinder abends im Bett sind. Gottes Frieden jedoch ist Teil der Frucht des Geistes, denn **er ist unser Friede** *(Eph 2,14)*. Er ist ein Geschenk Gottes an seine Kinder. Paulus beschreibt diesen Frieden als etwas die Vernunft Übersteigendes. **Der Friede Gottes, der höher ist als alle Vernunft, bewahre eure Herzen und Sinne in Christus Jesus** *(Phil 4,7)*.

Du empfängst diesen Frieden in dreifacher Weise.

Zum einen hast du Frieden mit Gott, es besteht eine Harmonie zwischen dem Herrn und dir. Da steht keine Sünde zwischen euch, weil du weißt, daß du rein bist und dir vergeben wurde. Du spürst diesen Frieden, weil Jesus **Frieden machte durch sein Blut am Kreuz** *(Kol 1,20)*.

Zum zweiten hast du Frieden mit anderen: **Und der Friede Christi, zu dem ihr auch berufen seid in einem Leibe, regiere in euren Herzen; und seid dankbar** *(Kol 3,15)*. Der Friede mit Gott drückt sich aus in der Einheit und dem Frieden mit anderen. **Haltet Frieden untereinander** *(1.Thess 5,13)*.

Drittens, da du Frieden mit Gott und den Menschen hast, hast du Frieden mit dir selbst. **Er aber, der Herr des Friedens, gebe euch Frieden allezeit und auf alle Weise** *(2.Thess 3,16)*.

Diesen Frieden gibt der Herr durch das Wirken des Geistes in dir. Er

aber, der Gott des Friedens, heilige euch durch und durch und bewahre euren Geist samt Seele und Leib unversehrt, untadelig für die Ankunft unseres Herrn Jesus Christus *(1.Thess 5,23)*.
Du wirst den Frieden kennenlernen, wenn du der Führung seines Geistes folgst. Gehorchst du dem Fleisch, wirst du den Frieden mit Gott verlieren; du hast keinen Frieden mit dir selbst, und es wird nicht lange dauern, bis die Beziehungen zu anderen Menschen betroffen sein werden. Wenn du Frieden mit Gott hast, fühlst du dich wohl, selbst wenn etwas Beunruhigendes und Verwirrendes passiert; denn dieser Friede rührt von himmlischen Gegebenheiten her, nicht von irdischen.
Solltest du dich verängstigt fühlen oder von deinen Lebensumständen aus der Bahn geworfen werden, gebrauche den Satz der Lesung als Meditation. Setz dich still hin und nimm Gottes Frieden in dich auf, denn Jesus ist bei dir und spricht Worte des Friedens zu dir. Denke daran, es sind keine Worte über Frieden, sondern sie sprechen dir seinen Frieden zu.

MEDITATION:

Den Frieden lasse ich euch, meinen Frieden gebe ich euch. *(Joh 14,27)*

Friede sei mit euch! *(Joh 20,19)*

Er aber, der Gott des Friedens, heilige euch durch und durch und bewahre euren Geist samt Seele und Leib unversehrt, untadelig für die Ankunft unseres Herrn Jesus Christus. *(2.Thess 3,16)*

LOB:

Meine Seele ist stille zu Gott, der mir hilft. *(Ps 62,1)*

47. DIE FRUCHT DES GEISTES IST ... GEDULD

Die Liebe ist langmütig. *(1.Kor 13,4)*

Heiliger Geist, bitte lehre mich Geduld.

LESUNG: Kolosser 1,10-14

Wir beten, daß ihr des Herrn würdig lebt, ihm in allen Stücken gefallt und Frucht bringt in jedem guten Werk und wachst in der Erkenntnis Gottes und gestärkt werdet mit aller Kraft durch seine herrliche Macht zu aller Geduld und Langmut. Mit Freuden sagt Dank dem Vater, der euch tüchtig gemacht hat zu dem Erbteil der Heiligen im Licht. Er hat uns errettet von der Macht der Finsternis und hat uns versetzt in das Reich seines lieben Sohnes, in dem wir die Erlösung haben, nämlich die Vergebung der Sünden.

Der Herr ist unendlich geduldig mit uns. Das ist einer seiner Charakterzüge und deshalb auch Teil des Wesens des Heiligen Geistes. Darum will er die Frucht der Geduld in dir wachsen lassen.

Viele Menschen erkennen, daß sie mehr Geduld brauchen. In der Öffentlichkeit schaffen sie es normalerweise, sich unter Kontrolle zu halten und ihr Temperament zu zügeln. Im privaten Bereich lassen sie sich jedoch gehen und lassen Frustration und Enttäuschung an denen aus, die sie am meisten lieben, am Ehemann, der Ehefrau, den Kindern. Das macht sie wiederum unglücklich, weil sie die, die ihnen wertvoll sind, ja eigentlich nicht verletzen wollen.

Die Liebe ist langmütig *(1.Kor 13,4)*, sagt Paulus. Ein Ehepaar lernt es in Liebe die Fehler des Partners und die Anforderungen, die Kinder stellen, zu tragen. Es ist Ausdruck ihrer Liebe zueinander. Doch wir alle kennen die Grenzen unserer menschlichen Liebe und damit der menschlichen Geduld. Wir wissen, daß wir der Gaben Gottes bedürfen, der Gabe der Geduld, die uns durch den Geist zuteil wird.

"Herr, gib mir Geduld - aber schnell!" ist ein alter Witz, aber er entspricht oft unserer Haltung.

Frucht braucht eine gewisse Zeit, um zu wachsen. Je mehr du dir der Liebe Gottes in dir bewußt wirst, desto sichtbarer wird die Frucht der Geduld in deinem Leben. Da sie als Teil der ganzen Frucht des Geistes in dir existiert, wird sie zusammen mit anderen Dingen, die der Geist in dir bewirkt, reifen.

Abraham erhielt die Verheißung Gottes durch geduldigen Glauben. Es ist die Geduld, die uns so oft fehlt. Wir hätten gerne sofort auf jedes Gebet eine

Antwort. Der Heilige Geist hilft uns, unseren Glauben zu behalten, bis die Verheißungen erfüllt sind.
Wir sollen geduldig sein gegenüber Anfeindungen; geduldig mit denen, die uns angreifen, weil wir gläubig sind; geduldig mit denen, die das Evangelium nicht verstehen, weil sie durch Unglauben gebunden sind.
Wir sollen geduldig sein in der Erwartung auf das Wiederkommen Jesu in Macht und Herrlichkeit.
Und wir sollen miteinander geduldig sein und einander in der Liebe Jesu vergeben und ermahnen. **Aber darum ist mir Barmherzigkeit widerfahren, daß Christus Jesus an mir als erstem alle Geduld erweise, zum Vorbild denen, die an ihn glauben sollten zum ewigen Leben** *(1.Tim 1,16)*.
Höre auf den Herrn, wenn er dich jetzt ermutigt. Der Geist möchte in dir die Demut, Freundlichkeit und Geduld schaffen, von denen diese Worte sprechen.

MEDITATION:

Lebt in aller Demut und Sanftmut, in Geduld. Ertragt einer den anderen in Liebe. *(Eph 4,2)*

Die Liebe ist langmütig. *(1.Kor 13,4)*

Er hat Geduld mit euch. *(2.Petr 3,9)*

Seid geduldig gegen jedermann. *(1.Thess 5,14)*

LOB:

Ich harrte des Herrn, und er neigte sich zu mir und hörte mein Schreien.
(Ps 40,2)

48. DIE FRUCHT DES GEISTES IST ... FREUNDLICHKEIT

Die Liebe ist freundlich. *(1.Kor 13,4)*

Jesus, ich möchte deine Freundlichkeit und Güte ausdrücken durch den Heiligen Geist, der in mir wirkt.

LESUNG: Epheser 2,4-10

Aber Gott, der reich ist an Barmherzigkeit, hat in seiner großen Liebe, mit der er uns geliebt hat, auch uns, die wir tot waren in den Sünden, mit Christus lebendig gemacht - aus Gnade seid ihr selig geworden -; und er hat uns mit auferweckt und mit eingesetzt im Himmel in Christus Jesus, damit er in den kommenden Zeiten erzeige den überschwenglichen Reichtum seiner Gnade durch seine Güte gegen uns in Christus Jesus. Denn aus Gnade seid ihr selig geworden durch Glauben, und das nicht aus euch: Gottes Gabe ist es, nicht aus Werken, damit sich nicht jemand rühme. Denn wir sind sein Werk, geschaffen in Christus Jesus zu guten Werken, die Gott zuvor bereitet hat, daß wir darin wandeln sollen.

Jede Frucht des Geistes war in Jesu Leben reichlich vorhanden. Seine Güte zeigte sich in der liebevollen Art, in der er mit Menschen in Not umging, in seiner Bereitwilligkeit, seinen Jüngern immer wieder ihren Unglauben zu vergeben, in seiner Geduld mit all ihren Fehlern.

In gleicher Weise will der Heilige Geist seine Güte in uns hervorbringen. Wir sollen **untereinander freundlich und herzlich (sein) und einer dem andern vergeben, wie auch Gott uns vergeben hat in Christus** *(Eph 4,32)*. Paulus sagt auch: **Jagt allezeit dem Guten nach untereinander und gegen jedermann** *(1.Thess 5,15)*. **Ein Knecht des Herrn aber soll ... freundlich sein gegen jedermann** *(2.Tim 2,24)*. Wir sollen Freundlichkeit anziehen *(Kol 3,12)*.

Natürlich ist es leichter, die zu lieben, die es uns leicht machen. Aber deine Berufung ist, alle christlichen Geschwister zu lieben und deinen Nächsten wie dich selbst. Gottes Wille ist, daß du zu allen freundlich bist, was natürlich leichter gesagt ist als getan!

Der Wert des christlichen Zeugnisses nimmt erheblich ab, wenn deine Freundlichkeit in zwischenmenschlichen Beziehungen fehlt. Keiner von uns ist perfekt, wenn es darum geht, Jesu Liebe auszudrücken, aber es geschieht zu oft, daß Christen lieb- und gedankenlos miteinander umgehen, ohne die Folgen ihrer Worte und Taten für andere zu bedenken. Dies ist eine Quelle von Verletzungen und manchmal tiefer Bitterkeit; es ist die Folge von egoistischen Entscheidungen und Handlungen, nicht von denen des Heiligen Geistes. Natürlich mußte Jesus manchmal streng sein, sogar mit seinen Jüngern, aber er war nie unfreundlich. Der Zorn Gottes wird durch seine Gnade und Barmherzigkeit gemildert. Das zeigte sich selbst dann, wenn Jesus die Pharisäer und andere mit ihrer Heuchelei konfrontierte. Denen, die sich ihm zuwandten, brachte er dagegen uneingeschränkt Freundlichkeit entgegen.

Liebe macht sich häufig an kleinen Dingen fest - daß man Menschen nicht so behandelt, wie sie es verdienen, sondern mit Großzügigkeit, Liebenswürdigkeit und Barmherzigkeit. Dich daran zu erinnern, wie freundlich Gott mit dir und anderen ist, hilft dir, dich zu motivieren, selbst freundlich zu anderen zu sein und nicht auf dich selbst zu schauen, sondern auf den Heiligen Geist Gottes in dir.

Der Maßstab des Königreiches Gottes 'mit welchem Maß ihr meßt, wird euch zugemessen werden' erweist sich abermals als richtig. **Ein barmherziger Mann nützt auch sich selber; aber ein herzloser schneidet sich ins eigene Fleisch** *(Spr 11,17)*. Vergiß niemals: Freundlichkeit ist die Frucht des Geistes Gottes, der in dir wirkt, um Jesu Leben durch dich zu verkünden. Je reichlicher der Geist dein Leben erfüllt, desto freundlicher wird dein Wesen.

Wenn du Gottes Wort empfängst, glaube daran, daß der Geist in dir dich befähigt, im Umgang mit anderen freundlich zu sein.

MEDITATION:

So zieht nun an ... Freundlichkeit. *(Kol 3,12)*

Die Liebe ist freundlich. *(1.Kor 13,4)*

Seid aber untereinander freundlich und herzlich und vergebt einer dem andern, wie auch Gott euch vergeben hat in Christus. *(Eph 4,32)*

LOB:

Er gibt seinem Könige großes Heil und erweist Gnade seinem Gesalbten. *(Ps 18,51)*

49. DIE FRUCHT DES GEISTES IST ... GÜTE

Aber Jesus sprach zu ihm: Was nennst du mich gut? Niemand ist gut als Gott allein. *(Mk 10,18)*

Heiliger Geist, hilf mir, immer das zu tun, was gut ist.

LESUNG: Lukas 6,43-45

Denn es gibt keinen guten Baum, der faule Frucht trägt, und keinen faulen Baum, der gute Frucht trägt. Denn jeder Baum wird an seiner eigenen Frucht erkannt. Man pflückt ja nicht Feigen von den Dornen, auch liest man nicht Trauben von den Hecken. Ein guter Mensch bringt Gutes hervor aus dem guten Schatz seines Herzens; und ein böser bringt Böses hervor aus dem bösen. Denn wes das Herz voll ist, des geht der Mund über.

Paulus gibt eine eindeutige Beschreibung der Natur des Menschen: **Da ist keiner, der gerecht ist, auch nicht einer. Da ist keiner, der verständig ist; da ist keiner, der nach Gott fragt. Sie sind alle abgewichen und allesamt verdorben** *(Röm 3,10-12)*. Niemand ist gut in sich selbst, egal, wieviele 'gute Taten' er getan hat. Jeder ist mit einem rebellischen Geist geboren und wünscht sich, seine eigenen Wege zu gehen. Gott allein ist gut, sagt Jesus *(Mk 10,18)*.

Das steht im Widerspruch zum modernen Denken, wonach der Mensch gut ist. Sehr viele Menschen denken, daß sie ein sogenanntes gutes Leben führen und meinen damit, daß sie dem Gesetz entsprechend als brave Bürger leben, die anderen kein Leid zufügen und sogar versuchen, ihnen zu helfen. Es ist ein Fehlschluß, denn sie lassen die Sünde außer acht. Sogar diejenigen, die ein 'gutes Leben' zu führen suchen, sündigen regelmäßig gegen Gott. Ohne einen Erlöser sind sie durch ihre Sünden für Gott unannehmbar. Auch wenn es scheint, daß viele ihrer Handlungen Gott gefallen würden, können sie selbst ihm nur gefallen, wenn sie von ihrer Sünde reingewaschen und in seiner Sicht heilig gemacht sind.

Jesu Blut reinigt uns von den Dingen, die in Gottes Augen nicht gut sind, und der Heilige Geist bewirkt Gutes in uns. Jesus spiegelte Gottes Güte vollkommen wider. Er möchte, daß du wiederum seine Güte widerspiegelst. Das ist keine Güte, die du aus dir selbst hast, sondern die Güte, die der Heilige Geist bewirkt.

Vor der Bekehrung war dein Herz beschmutzt; als du wiedergeboren wurdest, gab Gott dir ein neues Herz. Es ist egal, wie schlecht der Baum vorher war, Gott machte dich zu einem neuen Wesen, einem guten Baum, der gute Frucht trägt.

Johannes der Täufer sagte den Menschen, sie sollten ihre Reue durch ein neues Leben beweisen. Jesus sagt etwas Ähnliches: Ein guter Baum kann keine schlechten Früchte tragen, ein schlechter Baum kann keine guten Früchte tragen. Du mußt nicht aus eigener Kraft gut sein. Der Baum bringt Früchte als Ergebnis der Lebenskraft, die durch seine Äste fließt. Die Güte, die Gott in deinem Leben sehen will, kommt von der Lebenskraft des Heiligen Geistes, der in dir Liebe und Güte erzeugt. Er zeigt dir in jeder Situation, was gut und richtig ist, und er gibt dir auch die Fähigkeit, es zu tun.

Du möchtest dann tun, was für die, die du liebst, am besten ist. Das mag manchmal Aufrichtigkeit und Disziplin erfordern, aber hauptsächlich ist es eine Frage des Gebens. Güte soll aus dir fließen wie ein Strom lebendigen Wassers zu allen um dich herum; du möchtest Gutes für andere, indem du ihnen Gottes Güte zeigst. Wenn du dir der andauernden Güte Gottes zu dir selbst bewußt bist, wirst du die richtige Motivation haben und dich der Leitung des Heiligen Geistes in dieser Hinsicht anvertrauen.

Güte zeigt sich in deinen moralischen Werten ebenso wie in der Bereitschaft, anderen zu dienen. Da du ein Kind in Gottes Königreich bist, möchte er, daß das Leben in seinem Reich durch die Entscheidungen, die du triffst, deutlich wird. Du lebst aus den Grundsätzen des Königreiches, die immer gut sind. Du kannst das Leben des Königs bzw. seines Reiches nicht dadurch zum Ausdruck bringen, daß du falsche Entscheidungen triffst.

Du hast allen Menschen gegenüber barmherzig zu sein, auch gegenüber denen, die dich hassen, denn du bist ein Zeuge Jesu, wo du auch bist; unabhängig davon, was dir persönlich geschieht. Wenn du heute Gottes Wort empfängst, denke daran, daß der Herr dir alle Gnade zuteil werden läßt, die du brauchst, um seinen Willen zu erfüllen.

MEDITATION:

Hoffe auf den Herrn und tu Gutes. *(Ps 37,3)*

Der Herr ist allen gütig. *(Ps 145,9)*

Er krönet dich mit Gnade und Barmherzigkeit. *(Ps 103,4)*

LOB:

Ich will den Herrn loben allezeit; sein Lob soll immerdar in meinem Munde sein. *(Ps 34,2)*

50. DIE FRUCHT DES GEISTES IST ... TREUE

In Treue will ich mich mit dir verloben, und du wirst den Herrn erkennen. *(Hos 2,22)*

Heiliger Geist, bitte laß mich treu bleiben.

LESUNG: Psalm 89,2-9

Ich will singen von der Gnade des Herrn ewiglich und seine Treue verkünden mit meinem Munde für und für; denn ich sage: Für ewig steht die Gnade fest; du gibst deiner Treue sicheren Grund im Himmel. "Ich habe einen Bund geschlossen mit meinem Auserwählten, ich habe David, meinem Knechte, geschworen: Ich will deinem Geschlecht festen Grund geben auf ewig und deinen Thron bauen für und für." Und die Himmel werden, Herr, deine Wunder preisen und deine Treue in der Gemeinde der Heiligen. Denn wer in den Wolken könnte dem Herrn gleichen und dem Herrn gleich sein unter den Himmlischen? Gott ist gefürchtet in der Versammlung der Heiligen, groß und furchtbar über alle, die um ihn sind. Herr, Gott Zebaoth, wer ist wie du? Mächtig bist du, Herr, und deine Treue ist um dich her.

Gott ist immer treu. Er läßt seine Kinder nie im Stich. Er wird sich nie selbst verleugnen, indem er untreu handelt. Er wird immer zu seinem Wort stehen; er wacht darüber, daß es erfüllt wird. Er ist immer bereit, zu seinen Verheißungen zu stehen, die er denen gegeben hat, die zu ihm gehören.

Da Treue Teil von Gottes Wesens ist, will der Heilige Geist diese Treue auch in dir schaffen.

Deine Treue zeigt sich in zweierlei Hinsicht: einmal darin, daß du dem Wort Gottes in allem vertraust, der Liebe und Treue, die Gott darin verspricht. Gott ist seinem Wort treu, sein Geist wird dich immer wieder zu diesem Wort führen.

Zum zweiten bedeutet es, daß du Gott selbst treu bleibst und seine Treue widerspiegelst. **Mächtig bist du, Herr, und deine Treue ist um dich her** *(Ps 89,9)*. Ein Stück weiter können wir in demselben Psalm lesen: **Aber meine Gnade will ich nicht von ihm wenden und meine Treue nicht brechen** *(Ps 89,34)*.

Paulus schreibt, daß unser Mangel an Glauben Gottes Treue nicht aufhebt *(Röm 3,3)*. Er ist immer treu, auch wenn seine Kinder ihm nicht immer die Treue halten. Doch er beschenkt die, die ihm treu bleiben. **Sei getreu bis an den Tod, so will ich dir die Krone des Lebens geben** *(Off 2,10)*.

Der Feind versucht, den Kindern Gottes die Angst einzuflößen, daß sie untreu würden, sobald ihr Glaube einer ernsten Versuchung unterworfen wäre. Aber Gott wird immer Gnade gewähren, wenn sie nötig ist. Treue ist ein Werk des Heiligen Geistes in dir. Er wird dich nie dir selbst überlassen, er ist bereit zu helfen, wann immer du dich ihm zuwendest und auf ihn vertraust. Sein Ziel ist es, daß du treu bis in den Tod bist, und er wird dich zu diesem Ziel führen. **Er aber, der Gott des Friedens, heilige euch durch und durch und bewahre euren Geist samt Seele und Leib unversehrt, untadelig für die Ankunft unseres Herrn Jesus Christus. Treu ist er, der euch ruft; er wird's auch tun** *(1.Thess 5,23-24).*

Wenn du diese Wahrheit anerkennst, wirst du von der Bemühung befreit sein, ständig deine Treue beweisen zu müssen. Du wirst nie durch eigene Anstrengung treu sein können, sondern nur durch den Heiligen Geist in dir. Du kannst treu sein, weil er treu ist und in dir die Frucht der Treue wachsen läßt. **Der Herr ist getreu in all seinen Worten und gnädig in allen seinen Werken** *(Ps 145,13).*

Der Geist will dich leiten und führen auf dem Weg, den du nach Gottes Willen gehen sollst. Er arbeitet mit dir zusammen, indem er dir die Entscheidungen einsichtig macht, die Gott gefallen. Aber auch wenn du nicht gehorchst, bleibt er dir treu, denn er ist dein Vater. Wenn du deine Sünden bekennst, hält er an der Versöhnungstat Jesu fest, vergibt deine Sünden und reinigt dich von aller Ungerechtigkeit.

Welchen Weg du auch gehst, der Herr ist in seiner treuen Liebe immer bei dir, er wird dir beistehen und dir Mut schenken. Auch in der Zeit größter Versuchung wird er seine Liebe zu dir nie aufgeben. Ebenso möchte er, daß du deine Treue zu ihm nie aufgibst. Deine Treue ist eine Antwort auf seine Treue.

Laß die Worte Jesu jetzt in dein Herz kommen. Wenn sie erst Teil deiner selbst sind, werden sie zu einer ständigen Quelle der Ermutigung für dich werden.

MEDITATION:

Ich will dich nicht verlassen, noch von dir weichen. *(Jos 1,5)*

Sei getreu ..., so will ich dir die Krone des Lebens geben. *(Off 2,10)*

Seine Gnade und Wahrheit waltet über uns in Ewigkeit. *(Ps 117,2)*

LOB:

Seine Barmherzigkeit hat noch kein Ende, sondern sie ist alle Morgen neu, und deine Treue ist groß. *(Klgl 3,22-23)*

51. DIE FRUCHT DES GEISTES IST ... SANFTMUT

Eure Güte laß kund sein allen Menschen! Der Herr ist nahe! *(Phil 4,5)*

Jesus, nur durch deine Gnade kann ich sanftmütig sein.

LESUNG: Matthäus 11,28-30

Kommt her zu mir, alle, die ihr mühselig und beladen seid; ich will euch erquicken. Nehmt auf euch mein Joch und lernt von mir; denn ich bin sanftmütig und von Herzen demütig; so werdet ihr Ruhe finden für eure Seelen. Denn mein Joch ist sanft, und meine Last ist leicht.

Sanftmut ist vielleicht der Teil der Frucht des Heiligen Geistes, der am meisten mißverstanden wird. Oft wird mit Sanftmut Schwäche assoziiert. Aber Jesus selbst sagte von sich, daß er sanftmütig sei, und man kann ihn wahrhaftig nicht als schwach bezeichnen.

Wir sollen in aller Demut und Sanftmut leben *(Eph 4,2)* und unsere Sanftmut allen *zeigen (Jak 3,13)*. Sie ist also etwas, was der Herr bei seinen Kindern sehen will. In der Tat ist es sein Wunsch, daß jede Frucht des Geistes im Leben derer reift, die zu ihm gehören.

Bemerke, wie Sanftmut und Demut immer wieder zusammen genannt werden, sowohl bei Jesus als auch bei Paulus. Jesus beschreibt sich als sanftmütig und von Herzen demütig. Als er in Jerusalem einzog, war er **sanftmütig und ritt auf einem Esel** *(Mt 21,5)*. Paulus sagt, **lebt in aller Demut und Sanftmut** *(Eph 4,2)*.

Stolz bewirkt Härte bei Menschen und damit in ihrem Umgang mit anderen. Es liegt eine große Stärke in der Demut. Jesus kam als unser aller Diener, aber er war ein Mann der Autorität und Macht. Es ist kein Zeichen von Schwäche, demütig und sanftmütig zu sein.

Sanftmut ist ein anderer Aspekt der Liebe. Liebe **eifert nicht, ... sie bläht sich nicht auf** *(1.Kor 13,4)*. Zur Liebe kommt Sanftmut, der Wunsch, die vor Verletzungen zu schützen, die wir lieben.

Der Herr "erzieht" uns in Liebe, aber er tut es nicht mit Härte. Er zwingt uns diese Erziehung nicht auf. Seine Liebe zu uns ist unbeschreiblich sanft, sie weist uns in die richtige Richtung, veranlaßt uns, ihm zu gehorchen, gibt uns die Zeit zur Umkehr, zwingt uns aber nie zu unwilligem Gehorsam. Darin zeigt sich sein demütiges und sanftmütiges Herz.

Und deshalb möchte er, daß wir andere auch so behandeln. Statt nachtragend zu sein, sollen wir vergeben. Wenn jemand sündigt, sollen wir versuchen, ihn wieder auf den rechten Weg zu bringen. Wir sollen einander ermutigen, nicht richten oder verdammen. All dies ist unmöglich ohne Liebe. Der Geist bewirkt Sanftmut als Ausdruck der Liebe Gottes in unserem Leben. Wenn du seine Liebe lebst, wirst du sanft mit anderen sein. Wie auch bei anderen Dingen des geistlichen Lebens wirst du es leichter finden, anderen gegenüber sanftmütig zu sein, wenn du Gott beständig dankbar für seine Sanftmut mit dir bist. **Alles nun, was ihr wollt, daß euch die Leute tun sollen, das tut ihnen auch!** *(Mt 7,12)*. Das wird möglich, wenn du dir bewußt bist, daß du das, was Gott dir schon entgegengebracht hat, auch anderen entgegenbringen kannst.

MEDITATION:

Ich bin sanftmütig und von Herzen demütig. *(Mt 11,29)*

Lebt in aller Demut und Sanftmut. *(Eph 4,2)*

... Der zeige mit seinem guten Wandel seine Werke in Sanftmut und Weisheit. *(Jak 3,13)*

LOB:

Der Demütige wird Ehre empfangen. *(Spr 29,23)*

52. DIE FRUCHT DES GEISTES IST ... BESONNENHEIT

Darum umgürtet die Lenden eures Gemüts, seid nüchtern und setzt eure Hoffnung ganz auf die Gnade, die euch angeboten wird in der Offenbarung Jesu Christi. *(1.Petr 1,13)*

Heiliger Geist, hilf mir, allezeit nüchtern und besonnen zu sein.

LESUNG: 1. Thessalonicher 5,5-11

Denn ihr alle seid Kinder des Lichtes und Kinder des Tages. Wir sind nicht von der Nacht noch von der Finsternis. So laßt uns nun nicht schlafen wie die andern, sondern laßt uns wachen und nüchtern sein. Denn die schlafen, die schlafen des Nachts, und die betrunken sind, die sind des Nachts betrunken. Wir aber, die wir Kinder des Tages sind, wollen nüchtern sein, angetan mit dem Panzer des Glaubens und der Liebe und mit dem Helm der Hoffnung auf das Heil. Denn Gott hat uns nicht bestimmt zum Zorn, sondern dazu, das Heil zu erlangen durch unsern Herrn Jesus Christus, der für uns gestorben ist, damit, ob wir wachen oder schlafen, wir zugleich mit ihm leben. Darum ermahnt euch untereinander, und einer erbaue den andern, wie ihr auch tut.

Egoismus und Selbstbezogenheit führen zu einem Mangel an Besonnenheit. Die eigenmächtige Selbstentfaltung zu suchen steht dem Wirken des Geistes in uns entgegen. Der Heilige Geist will dieses "Sich-Selbst-Leben" unter Kontrolle halten. Liebe **sucht nicht das Ihre** *(1.Kor 13,5)*. Deshalb schlägt der Geist in uns die Alarmglocke, wenn wir Gefahr laufen, Gott auszuweichen.

Gott lebt in dir, damit du sein Leben ausdrückst. Wenn eigenmächtige Ziele Gott im Weg stehen, mußt du dich von ihnen lösen. Dann erst kann das Leben des Heiligen Geistes durch dich hindurchströmen.

Petrus warnt uns: **Seid nüchtern (selbstbeherrscht) und wacht; denn euer Widersacher, der Teufel, geht umher wie ein brüllender Löwe und sucht, wen er verschlinge. Dem widersteht, fest im Glauben** *(1.Petr 5,8-9)*. Der Feind will alle schlechten Wünsche, Motive und Absichten anheizen. Er will, daß du gegen die Liebe und den Geist handelst. Gott dagegen möchte, daß bei dir die Eigenschaften Jesu hervortreten durch die Kraft des Heiligen Geistes, der deinen Geist, deine Seele und deinen Leib zu einer freiwilligen Unterordnung unter Gott führt.

Der Teufel bringt Haß, Egoismus und Gier; der Geist bringt Liebe. Der Feind will, daß du freudlos, nörgelnd, unzufrieden, mürrisch, abfällig und niedergeschlagen bist; der Heilige Geist gibt dir Freude. Satan versucht Spannungen, Angst und Zwietracht zu erzeugen, der Geist ruft Frieden in dir hervor. Der Feind will, daß du richtest und kritisierst; der Geist möchte, daß du freundlich bist. Der Teufel versucht, dich zu Egoismus und Selbstbefriedigung zu treiben; der Heilige Geist gibt dir die Fähigkeit, besonnen zu sein, den Versuchungen der Welt, des Fleisches und des Teufels zu widerstehen, die dich von Gottes Zielen wegführen wollen. Wenn du Gottes Wort hörst, ermutigt er dich, Glaube und Liebe als Panzer anzulegen. Durch seinen Geist schenkt Gott dir Selbstbeherrschung und bewirkt, daß Liebe und Glaube dich beschützen.

MEDITATION:

Wir wollen nüchtern sein, angetan mit dem Panzer des Glaubens und der Liebe. *(1.Thess 5,8)*

Die Liebe ... sucht nicht das Ihre. *(1.Kor 13,5)*

Ihr aber seid ... geistlich, wenn denn Gottes Geist in euch wohnt.
(Röm 8,9)

LOB:

Der Herr ist König; des freue sich das Erdreich. *(Ps 97,1)*

TEIL 6

DEIN LEBEN IM REICH GOTTES

53. DAS KÖNIGREICH GOTTES

Fürchte dich nicht, du kleine Herde! Denn es hat eurem Vater wohlgefallen, euch das Reich zu geben. *(Lk 12,32)*

Herr, ich brauche die Offenbarung, daß dein Reich in mir ist.

LESUNG: Lukas 17,20-21

Als er aber von den Pharisäern gefragt wurde: Wann kommt das Reich Gottes? antwortete er ihnen und sprach: Das Reich Gottes kommt nicht so, daß man's beobachten kann; man wird auch nicht sagen: Siehe, hier ist es! oder: Da ist es! Denn siehe, das Reich Gottes ist mitten unter euch. [Luther: ... inwendig in euch]

Als Jesus anfing, zu lehren und zu predigen, gebrauchte er einen einfachen Aufruf: **Tut Buße, denn das Himmelreich ist nahe herbeigekommen!** *(Mt 4,17)* Der König des Himmels war gekommen, um unter den Menschen zu leben, und er machte das Königreich für sie erreichbar. Sobald sie ihm ihr Leben übergaben, kamen sie unter seine Herrschaft. Im selben Moment wurden alle Schätze und Reichtümer dieses Reiches auch ihr Erbe, ein Erbe, welches sie sofort in Anspruch nehmen konnten.

Wenn Jesus in deinem Leben herrscht, hast du nicht nur Teil an seinem Reich, sondern du besitzt Gottes Reich, also das Himmelreich. Es handelt sich nicht um ein sichtbares Reich. Du kannst nicht sagen, es ist hier oder dort; es ist in dir.

Als du Jesus dein Vertrauen schenktest, gab Gott dir das Geschenk seines Reiches. In vielen seiner Gleichnisse erklärt Jesus das Wesen diese Reiches. Es ist wie ein kleines Senfkorn, das, erst einmal gewachsen, ein Baum wird, wo die Vögel ihre Nester bauen können. Im Samen ist schon alles enthalten, was später daraus wachsen wird; genauso wie alles, was an einer Eiche ist, in der Eichel enthalten ist. Alles, was der Samen braucht ist guter Boden und Wasser, damit er gedeihen und Frucht tragen kann.

Der Herr hat den Samen seines Reiches in dein Herz und dein Leben gepflanzt. Alles Leben und alle Schätze dieses Reiches sind dein. Dein Leben soll der gute Boden sein, der dreißig-, sechzig- oder hundertfache Ernte hervorbringt. Er hat die Saat mit der Kraft des Heiligen Geistes begossen - Gott lebt in dir, und du bist fähig, als Kind seines Reiches zu leben.

Das Reich ist also nichts, was du nach dem Tod erhältst, wenn du dich dessen würdig erwiesen hast. Gott hat dir dieses Geschenk schon jetzt gegeben, da sein Sohn Jesus würdig ist. Du hast das Leben des Reiches in dir. Der

Heilige Geist macht dich fähig, als Kind des Reiches Gottes zu leben, das alle Vorrechte genießt, aber auch der Verantwortung einer solchen Stellung nachkommt.

Wenn du stirbst und beim Herrn sein wirst, wirst du die ganze Fülle von Gottes Reich erkennen. Bis dahin möchte er sehen, daß du seine Schätze annimmst und gebrauchst und das Leben unter seiner Herrschaft durch dein Leben zum Ausdruck bringst. Er lehrt dich, so zu beten: **Dein Reich komme. Dein Wille geschehe wie im Himmel so auf Erden** *(Mt 6,10)*. Er rät dir, zuerst sein Reich und seine Gerechtigkeit zu suchen, dann brauchst du dich um nichts mehr zu sorgen. Denn der König des Himmels ist der König der Liebe, und er sorgt vollkommen für die, die ihm untertan sind.

Da sein Reich in dir ist, möchte er, daß du dich in allen Dingen an ihn wendest, damit nichts den Strom seines Lebens hindern kann. Laß diese Offenbarung auf dein Herz wirken, denn um dieser Offenbarung willen ist Jesus zu uns gekommen.

MEDITATION:

Das Reich Gottes ist mitten unter euch. *(Lk 17,21)*

Trachtet zuerst nach dem Reich Gottes und nach seiner Gerechtigkeit, so wird euch das alles zufallen. *(Mt 6,33)*

Dein Reich komme. Dein Wille geschehe wie im Himmel so auf Erden.
(Mt 6,10)

LOB:

Es sollen ... deine Heiligen die Ehre deines Königtums rühmen und von deiner Macht reden, daß den Menschen deine gewaltigen Taten kundwerden und die herrliche Pracht deines Königtums. *(Ps 145,11-12)*

54. DIE VORRECHTE DES KÖNIGREICHES

Darum, weil wir ein unerschütterliches Reich empfangen, laßt uns dankbar sein und so Gott dienen mit Scheu und Furcht, wie es ihm gefällt.
(Heb 12,28)

Danke, Vater, daß du mir dein Reich gegeben hast.

LESUNG: Markus 4,26-29

Und er sprach: Mit dem Reich Gottes ist es so, wie wenn ein Mensch Samen aufs Land wirft und schläft und aufsteht, Nacht und Tag; und der Same geht auf und wächst - er weiß nicht, wie. Denn von selbst bringt die Erde Frucht, zuerst den Halm, danach die Ähre, danach den vollen Weizen in der Ähre. Wenn sie aber die Frucht gebracht hat, so schickt er alsbald die Sichel hin; denn die Ernte ist da.

Das Reich Gottes bzw. des Himmels kam mit Jesus. Es kommt immer noch, wo sein Reich das Leben von Menschen erreicht. Und es wird in seiner ganzen Fülle dasein, wenn Jesus in Herrlichkeit wiederkommt.

Das Himmelreich ist in dir, und es ist außerhalb von dir, wo immer Menschen glauben. Die Saat des Reiches wird weiter in dir wachsen: erst der Halm, dann die Ähre, danach der volle Weizen in der Ähre.

Gott möchte, daß du die Vorrechte seines Reiches in Anspruch nimmst. Das Reich spiegelt den Charakter seines Königs wider: Gott ist Liebe, deshalb ist sein Reich das Reich der Liebe. Er ist allmächtig, deshalb ist es ein kraftvolles Reich. Er ist übernatürlich, deshalb ist sein Reich übernatürlich. Er ist gerecht, deshalb herrscht in seinem Reich Gerechtigkeit - und so weiter. Das Reich trägt den Charakter seines Königs.

Es gibt zwei geistliche Reiche, nicht nur eines. Das Reich der Finsternis spiegelt die Natur dessen wider, der es regiert. Satan handelt nicht nach den Gesetzen, die in Gottes Reich gelten. Er ist skrupellos, ein Dieb, der stiehlt, tötet und zerstört; er ist der Betrüger und Vater der Lüge, der Ankläger.

Aber er ist Gott nicht gewachsen. Sein Reich ist in dieser Welt offensichtlich. Viele Menschen - ob sie sich dessen bewußt sind oder nicht - haben ihr Leben unter seine Herrschaft gestellt, anstatt es Gott anzuvertrauen.

Doch wenn das Licht in die Dunkelheit dringt, wird das Licht den Sieg davontragen. Wenn wir uns Gott zugewandt haben, so erklärt Paulus, hat Gott **uns errettet von der Macht der Finsternis und hat uns versetzt in das Reich seines lieben Sohnes** *(Kol 1,13)*.

Du gehörst nicht zur Finsternis, sondern zum Licht. **Denn das Reich Got-**

tes steht nicht in Worten, sondern in Kraft *(1.Kor 4,20)*. Du hast die Kraft von Gottes Reich empfangen, die größer ist als die Macht des Bösen.

Du hast die Kraft zu lieben, statt zu hassen; zu vergeben, statt nachtragend zu sein; zu geben, statt zu stehlen; zu ermutigen, statt zu beneiden - und so weiter.

Wünsche dir, daß sich diese guten Eigenschaften des Königs und seines Reiches mehr und mehr in deinem Leben offenbaren - in ihrer ganzen Fülle.

Oft kannst du dich selbst fragen: Ist das, was ich tue oder sage, gut oder schlecht? Drückt es das Leben und die Herrschaft Jesu aus?

Du wirst lernen, über die Lebensumstände zu herrschen, statt zuzulassen, daß sie dich bestimmen. **Die, welche die Fülle der Gnade und der Gabe der Gerechtigkeit empfangen, herrschen im Leben durch den Einen, Jesus Christus** *(Röm 5,17)*. Du sollst im Leben herrschen, da du im König lebst. Du kannst sein Leben, seine Macht, seine Autorität ausdrücken. Dein Leben wird nicht länger vom Fürsten der Finsternis beherrscht, sondern von dem Gott, dessen Reich Licht ist. Sein Reich ist unerschütterlich.

Wenn du Jesu Worte hörst und sie in deinem Herzen aufnimmst, mache dir klar: Unter der Herrschaft Jesu zu sein, heißt, alle Reichtümer und Schätze von Gottes Reich zu haben. Es ist ein Reich der Kraft, einer Kraft, die dich fähig macht, im Leben zu herrschen.

MEDITATION:

Es hat eurem Vater wohlgefallen, euch das Reich zu geben. *(Lk 12,32)*

Denn das Reich Gottes steht nicht in Worten, sondern in Kraft.
(1.Kor 4,20)

Denn das Reich Gottes ist ... Gerechtigkeit und Friede und Freude in dem Heiligen Geist. *(Röm 14,17)*

LOB:

Sprecht zu Gott: Wie wunderbar sind deine Werke! Deine Feinde müssen sich beugen vor deiner großen Macht. *(Ps 66,3)*

55. DIE KRAFT DES REICHES

Wahrlich, ich sage euch: Was ihr auf Erden binden werdet, soll auch im Himmel gebunden sein, und was ihr auf Erden lösen werdet, soll auch im Himmel gelöst sein. *(Mt 18,18)*

Heiliger Geist, bitte mach mich fähig, in der Kraft des Reiches zu leben.

LESUNG: Matthäus 10,7-8

Geht aber und predigt und sprecht: Das Himmelreich ist nahe herbeigekommen. Macht Kranke gesund, weckt Tote auf, macht Aussätzige rein, treibt böse Geister aus. Umsonst habt ihr's empfangen, umsonst gebt es auch.

Die Privilegien von Gottes Reich sind dein; Gott hat dich in Christus gesegnet und mit allen geistlichen Segnungen des Himmels bedacht. Du bist Miterbe Jesus mit allem, was der Vater geben kann.

Jesus sandte die Jünger mit der Botschaft vom Reich Gottes aus, aber auch, um seine Kraft zu verkündigen. Bei ihm wurden seine Worte durch seine Taten bewiesen. Dasselbe sollte für die gelten, die ihm folgten. Umsonst hatten sie die Gaben des Reiches empfangen; nun sollten sie auch umsonst sein Leben und seine Kraft weitergeben.

Als er eine noch größere Zahl von Jüngern aussandte, waren seine Anweisungen ähnlich: **Und wenn ihr in eine Stadt kommt, und sie euch aufnehmen, dann eßt, was euch vorgesetzt wird, und heilt die Kranken, die dort sind, und sagt ihnen: Das Reich Gottes ist nahe zu euch gekommen** *(Lk 10,8-9)*. Als sie wieder zurückkamen, waren sie begeistert, daß sogar Dämonen sich der Autorität, die sie in Jesu Namen hatten, unterwarfen. Jesus nutzte die Gelegenheit, ihnen etwas Wichtiges zu sagen: **Ich sah den Satan vom Himmel fallen wie einen Blitz. Seht, ich habe euch Macht gegeben, zu treten auf Schlangen und Skorpione, und Macht über alle Gewalt des Feindes; und nichts wird euch schaden. Doch darüber freut euch nicht, daß euch die Geister untertan sind. Freut euch aber, daß eure Namen im Himmel geschrieben sind** *(Lk 10,18-20)*.

Ihre Namen waren im Himmel geschrieben; sie gehörten zum Reich Gottes. Satan war aus dem Himmel geworfen worden, als er gegen Gott rebellierte. Natürlich hatten sie den Sieg über die Mächte der Finsternis, über Krankheit und Tod. Es war nicht der Sieg, über den sie sich freuen sollten, sondern darüber, warum sie den Sieg hatten. Sie gehörten zum Himmelreich, sie besaßen die Macht und Autorität des Reiches Gottes.

Auch für dich ist das wahr. Jesus möchte, daß du die Macht, die du als Kind seines Reiches besitzt, ausübst. **Wahrlich, ich sage euch: Was ihr auf Erden binden werdet, soll auch im Himmel gebunden sein, und was ihr auf Erden lösen werdet, soll auch im Himmel gelöst sein** *(Mt 18,18)*. Du hast die Autorität, in Jesu Namen zu handeln, in seinem Namen zu heilen, in seinem Namen zu beten. Du hast nicht nur ein Evangelium in Worten, sondern auch in Kraft. Wenn du der Führung des Heiligen Geistes folgst, kannst du diese Macht und Autorität ausüben.

Gott möchte nicht, daß seine Kirche schwach ist, durchzogen von Unglauben und dunklen Mächten. Seine Kinder sollen leuchten, eine Stadt auf dem Berge, die nicht zu übersehen ist. Die Welt soll sehen und erkennen, daß wir die Kraft und die Macht haben, den Sieg Jesu in unser persönliches Leben und in die Welt um uns herum zu bringen, zu herrschen statt beherrscht zu werden.

Die Fähigkeit zu herrschen beginnt in dir, in der Einstellung, die du gegenüber den äußeren Umständen einnimmst. Du bist nicht wertlos, machtlos und schwach, nur ohne Jesus wärst du ein "geistlicher Versager". Doch du lebst in ihm und er in dir. Fang an, über deine Lebensumstände zu herrschen, sprich positiv über dich selbst und über das, was Gott durch dich tun wird. Sieh jede Lage so an, wie Jesus sie sehen würde. Mach dir die Einstellung zu eigen, die er hätte, denn du lebst in ihm. Der Heilige Geist wird dir helfen.

Was würde Jesus denken?
Wie sähe seine Einstellung aus?
Was würde er sagen?
Was würde er beten?
Was würde er tun?

Du bist in ihm, du hast das Recht, in seinem Namen zu handeln, in seinem Namen zu sprechen, in seinem Namen zu beten. Wenn du dir diese Fragen stellst, wirst du überrascht sein, wie oft die Antwort klar ist.

Wenn du weißt, was Jesus denken, beten, glauben, tun würde, tu dasselbe. Du hast die Kraft, es zu tun; doch du wirst manchmal feststellen, daß dir das Vertrauen fehlt, gehorsam loszugehen. Sollte das der Fall sein, bekenne Gott deinen Unglauben, er wird dir vergeben. Und dann nimm dir Zeit, sein Wort zu empfangen, das deinen Glauben stärken wird.

MEDITATION:

Denn das Reich Gottes steht nicht in Worten, sondern in Kraft.
(1.Kor 4,20)

Freut euch aber, daß eure Namen im Himmel geschrieben sind.
(Lk 10,20)

Geht aber und predigt und sprecht: Das Himmelreich ist nahe herbeigekommen.
(Mt 10,7)

LOB:

Meine Stärke, dir will ich lobsingen; denn Gott ist mein Schutz, mein gnädiger Gott.
(Ps 59,18)

56. GEBEN UND EMPFANGEN

Wie ihr aber in allen Stücken reich seid, im Glauben und im Wort und in der Erkenntnis und in allem Eifer und in der Liebe, die wir in euch erweckt haben, so gebt auch reichlich bei dieser Wohltat.

(2.Kor 8,7)

Vater, ich möchte mit anderen so großzügig sein, wie du es mit mir bist.

LESUNG: 2. Korinther 9,6-9

Ich meine aber dies: Wer da kärglich sät, der wird auch kärglich ernten; und wer da sät im Segen, der wird auch ernten im Segen. Ein jeder, wie er's sich im Herzen vorgenommen hat, nicht mit Unwillen oder aus Zwang; denn einen fröhlichen Geber hat Gott lieb. Gott aber kann machen, daß alle Gnade unter euch reichlich sei, damit ihr in allen Dingen allezeit volle Genüge habt und noch reich seid zu jedem guten Werk; wie geschrieben steht: "Er hat ausgestreut und den Armen gegeben; seine Gerechtigkeit bleibt in Ewigkeit."

Jeder Gärtner weiß: Egal, wie gut der Boden vorbereitet ist, er wird erst etwas ernten, wenn er etwas ausgesät hat. Wenn er nur wenig Saatgut in den Boden streut, kann er nur eine schmale Ernte erwarten. Wenn er großzügig sät, wird er viel ernten.

Es ist eine Frage der Qualität, aber auch der Quantität; der kluge Bauer sät eine große Menge feinsten Samens, so daß er eine reichliche Ernte von höchster Güte erhält.

Gott arbeitet auch mit dem Grundsatz des Gebens, um etwas zu erhalten. Er wollte eine reiche Ernte für sein Reich, und deshalb säte er den besten Samen: Er schickte uns seinen eigenen Sohn, das Wort wurde Fleisch. **Wahrlich, wahrlich, ich sage euch: Wenn das Weizenkorn nicht in die Erde fällt und erstirbt, bleibt es allein; wenn es aber erstirbt, bringt es viel Frucht** *(Joh 12,24)*. Wenn dies der Grundsatz ist, mit dem Gott arbeitet, müssen wir lernen, genauso zu arbeiten, statt darauf zu bestehen, erst etwas zu empfangen.

In dem Maß, wie du gibst, empfängst du den Reichtum des Lebens, das er für dich bereithält. Als du zum erstenmal zum Kreuz kamst und dein Leben Jesus übergabst, hast du erfahren, daß dir sein Leben geschenkt wurde. Er wartete, bis du dich ihm gegeben hattest, erst dann gab er sich dir. Das ist Gottes Arbeitsweise: **Gebt, so wird euch gegeben. Ein volles, gedrücktes, gerütteltes und überfließendes Maß wird man in euren Schoß geben;**

denn eben mit dem Maß, mit dem ihr meßt, wird man euch wieder messen *(Lk 6,38).*

Einige Menschen erhalten keine Antwort auf ihre Gebete, weil sie Gott und anderen Menschen nichts geben. Sie befinden sich in keinem gesunden geistlichen Zustand und werden auch nicht dahin kommen, wenn sie nicht lernen zu geben. Paulus sprach über säen und ernten im Zusammenhang mit Geld. Zweifelsohne erwartet Gott von uns, daß wir auch finanzielle Mittel geben. Wenn wir das tun, werden wir ein überfließendes Maß zurückerhalten. Die Welt sagt: "Wenn du gibst, hast du weniger". Jesus sagt das Gegenteil: "Wenn du gibst, hast du mehr."

Dieser Grundsatz bezieht sich nicht nur auf Geld, sondern auf Geben in jeder Weise. Lieben heißt geben. Johannes sagt uns, wir betrügen uns selbst, wenn wir behaupten, Gott zu lieben, und uns unseren Brüdern in Not verweigern. Gott wünscht, daß wir jede Gelegenheit nutzen, ihm zu geben, indem wir anderen geben.

Er will insbesondere, daß wir uns in die Arbeit an seinem Reich einbringen, so daß sein Ziel erfüllt wird, daß sein Reich kommt und sein Wille geschieht auf Erden wie im Himmel.

Wenn du Samen ausstreust, erwarte eine Ernte, erwarte Gottes überfließendes Maß für deine Bedürfnisse. Wenn du die Saat des Gebets mit Glauben ausstreust, begieße sie mit Lob und danke Gott so lange, bis du die Ernte siehst. Jesus lehrte seine Jünger, auf die Ernte zu vertrauen, wenn sie beteten, und nicht erst das sichtbare Ergebnis abzuwarten.

Wir wissen, daß unser Gott viel zu geben hat, und durch seine Gnade können wir ebensoviel bekommen. Ich habe kaum angefangen, all das zu empfangen, was Gott bereithält. Was schon uns gehört, soll entsprechend unseres Glaubens verwendet werden. Seitdem ich lebe, um zu geben, und nicht, um zu empfangen, überschüttet mich Gott mit reichlicher Fülle. Du wirst dies auch bei dir bestätigt finden, denn es entspricht dem Wort Gottes. Das Maß, mit dem du gibst, wird das Maß sein, mit dem du empfängst, doch mit Gott wird es ein **volles, gedrücktes, gerütteltes und überfließendes Maß** sein *(Lk 6,38).*

Versuche, die Grundsätze des Reiches Gottes zu leben. Es sind die Grundsätze, nach denen Jesus lebte, und sie funktionieren!

MEDITATION:

Gebt, so wird euch gegeben. *(Lk 6,38)*

Wer da sät im Segen, der wird auch ernten im Segen. *(2.Kor 9,6)*

Gebt auch reichlich bei dieser Wohltat. *(2.Kor 8,7)*

LOB:

Gelobt sei Gott, der mein Gebet nicht verwirft noch seine Güte von mir wendet. *(Ps 66,20)*

57. Das Maß, mit dem du gibst

Selig sind die Barmherzigen; denn sie werden Barmherzigkeit erlangen.
(Mt 5,7)

Vater, ich möchte dir und anderen so geben, wie es dir gefällt.

LESUNG: Lukas 6,37-38

Und richtet nicht, so werdet ihr auch nicht gerichtet. Verdammt nicht, so werdet ihr nicht verdammt. Vergebt, so wird euch vergeben. Gebt, so wird euch gegeben. Ein volles, gedrücktes, gerütteltes und überfließendes Maß wird man in euren Schoß geben; denn eben mit dem Maß, mit dem ihr meßt, wird man euch wieder messen.

Da der Grundsatz des Gebens und Empfangens einer der wichtigsten im Reich Gottes ist, findet er auf vielen Gebieten Anwendung. **Denn eben mit dem Maß, mit dem ihr meßt, wird man euch wieder messen.** Mit anderen Worten, du empfängst in dem Maß, wie du gibst.

Das gilt auch für die Haltung gegenüber anderen: **Richtet nicht, so werdet ihr auch nicht gerichtet.** Der Zusammenhang ist klar: Wenn du über andere urteilst, wirst du in der gleichen Weise verurteilt. Dasselbe gilt für das Verdammen. **Verdammt nicht, so werdet ihr nicht verdammt.**

Es ist sinnlos, daß Jesus am Kreuz starb, um uns vor Verurteilung und Verdammnis zu retten, wenn wir uns selbst erneut wieder unter Verurteilung und Verdammnis begeben durch die Art, wie wir mit anderen umgehen!

Vergebt, so wird euch vergeben. Der Grundsatz gilt im Positiven wie im Negativen. Und Jesus warnt davor: **Wenn ihr aber den Menschen nicht vergebt, so wird euch euer Vater eure Verfehlungen auch nicht vergeben** *(Mt 6,15)*.

Der Herr möchte, daß wir anderen in Liebe begegnen. Um Liebe zu empfangen, mußt du Liebe geben. Es gibt Menschen, die darauf warten, von anderen Liebe zu bekommen, oft sind sie verbittert und klagen, daß sie so wenig erhalten. Sie müssen die Wahrheit verstehen, daß sie nur durch Geben empfangen. **Gebt, so wird euch gegeben. Ein volles, gedrücktes, gerütteltes und überfließendes Maß wird man euch in den Schoß geben** *(Lk 6,38)*. Das gilt für Liebe wie für alles andere auch.

Du gabst ihm dein Leben, und er gab sein Leben für dich. Das ist ein ziemlich guter Tausch! Aber du mußtest zuerst geben. Dasselbe gilt für das Empfangen des Heiligen Geistes, Heilung oder jede andere Segnung von Gott. Wir geben zuerst, und dann wird er uns geben.

Wenn du von Gott wenig bekommst, denke darüber nach, was du ihm gibst. Laß die Worte Jesu tief in dein Herz hineinfallen. Gib Liebe, Vergebung und Barmherzigkeit, gib dich großzügig an ihn und an andere und empfange das volle Maß zurück. **Selig sind die Barmherzigen; denn sie werden Barmherzigkeit erlangen** *(Mt 5,7)*. Wenn du meinst, von anderen etwas bekommen zu müssen, denke darüber nach, was du ihnen gibst. **Geben ist seliger als nehmen** *(Apg 20,35)*. Das bedeutet, daß du durch das Geben mehr gesegnet wirst, als durch das bloße Suchen nach dem Empfangen!

MEDITATION:

Denn eben mit dem Maß, mit dem ihr meßt, wird man euch wieder messen. *(Lk 6,38)*

Geben ist seliger als nehmen. *(Apg 20,35)*

Denn wo dein Schatz ist, da ist auch dein Herz. *(Mt 6,21)*

LOB:

Gerechtigkeit und Gericht sind deines Thrones Stütze, Gnade und Treue gehen vor dir einher. *(Ps 89,15)*

58. Das Gebot der Liebe

Seht, welch eine Liebe hat uns der Vater erwiesen, daß wir Gottes Kinder heißen sollen - und wir sind es auch! *(1.Joh 3,1)*

Heiliger Geist, erfülle mich mit deiner Liebe.

LESUNG: Johannes 15,9-14

Wie mich mein Vater liebt, so liebe ich euch auch. Bleibt in meiner Liebe! Wenn ihr meine Gebote haltet, so bleibt ihr in meiner Liebe, wie ich meines Vaters Gebote halte und bleibe in seiner Liebe. Das sage ich euch, damit meine Freude in euch bleibe und eure Freude vollkommen werde. Das ist mein Gebot, daß ihr euch untereinander liebt, wie ich euch liebe. Niemand hat größere Liebe als die, daß er sein Leben läßt für seine Freunde. Ihr seid meine Freunde, wenn ihr tut, was ich euch gebiete.

Gott zeigte seine Liebe zu uns durch Jesus - am deutlichsten am Kreuz, doch auch durch sein Tun.

Die Liebe Jesu zu seinem Vater war vollkommen. Immer wenn Jesus sprach, sprach und handelte der Vater durch ihn. Er war so darauf bedacht, die Beziehung aufrechtzuerhalten, daß er sich nachts in die Stille zurückzog, um bei seinem Vater zu sein, wenn er am Tag keine Zeit zum Gebet fand, weil die Menschen ihn bedrängten.

Ich und der Vater sind eins sagt eigentlich alles über ihre Verbundenheit, über ihre auf Liebe gegründete Beziehung. Der Vater blieb treu bei seinem Sohn, er führte und leitete ihn durch sein irdisches Leben, er begleitete ihn ans Kreuz, wo Jesus in Liebe sein Leben für uns gab. In Liebe und Triumph ließ der Vater ihn vom Tod auferstehen.

Und Jesus sagt diesen unglaublich großen Satz: **Wie mich mein Vater liebt, so liebe ich euch auch.** Die Liebe des Vaters zu seinem Sohn war vollkommen und zeigte sich in konkreter Kraft in seinem Leben und Wirken. Das bedeutet, daß auch die Liebe Jesu zu dir vollkommen ist, und er möchte, daß sie sich praktisch zeigt. Er wird treu zu dir stehen; er wird dich durch seinen Geist führen und leiten; er wird dich durch größte Schwierigkeiten und Verletzungen tragen und zum Sieg führen.

Jesus sagt: **Bleibt in meiner Liebe.** Die grammatikalische Form im Griechischen drückt Kontinuität aus: 'Lebe andauernd in meiner Liebe, bleibe und harre aus in meiner Liebe.'

Du brauchst Jesus nie darum zu bitten, dich zu lieben, denn er tut es schon. Du brauchst seine Liebe nie in Frage zu stellen, denn er wird sie nie von dir nehmen. Seine Liebe ist eine Tatsache, die wichtigste Tatsache, auf die du dein Leben bauen kannst.

Du bleibst in der Liebe Jesu, wenn du auf sein Wort hörst. Liebe ist kein Gefühl, sie zeigt sich in dem ehrlichen Wunsch, in deinem Leben Gottes Willen zu tun.

Da er Liebe ist, gebietet er uns zu lieben. **Und das ist sein Gebot, daß wir glauben an den Namen seines Sohnes Jesus Christus und lieben uns untereinander, wie er uns das Gebot gegeben hat** *(1.Joh 3,23)*. Er liebt uns, wie der Vater ihn geliebt hat, und Jesus sagt uns, daß wir uns untereinander lieben sollen, wie er uns liebt. Das bedeutet, unser Leben füreinander zu lassen, so wie er sein Leben für uns gelassen hat; untereinander treu zu sein, verläßlich und zuverlässig; einer den anderen zu ermutigen; barmherzig und gern zu vergeben; bereit zu sein, demütig zu dienen.

Je besser du Gottes Liebe zu dir kennenlernst, desto mehr Liebe wirst du anderen entgegenbringen. Johannes betont: **Ihr Lieben, hat uns Gott so geliebt, so sollen wir uns auch untereinander lieben. Niemand hat Gott jemals gesehen. Wenn wir uns untereinander lieben, so bleibt Gott in uns, und seine Liebe ist in uns vollkommen** *(1.Joh 4,11-12)*.

Höre jetzt auf Jesus, wenn er dir versichert, daß er dich genauso liebt, wie der Vater ihn geliebt hat. Seine Liebe zu dir ist sowohl vollkommen als auch konkret. Seine ganze göttliche Macht steht hinter dieser Liebe - der Liebe, in der du bleiben sollst.

MEDITATION:

Wie mich mein Vater liebt, so liebe ich euch auch. Bleibt in meiner Liebe! *(Joh 15,9)*

Wenn ihr meine Gebote haltet, so bleibt ihr in meiner Liebe.*(Joh 15,10)*

Das ist mein Gebot, daß ihr euch untereinander liebt, wie ich euch liebe. *(Joh 15,12)*

LOB:

Danket dem Herrn aller Herren, denn seine Güte währet ewiglich. *(Ps 136,3)*

59. LIEBE UNTEREINANDER

Wer seinen Bruder liebt, der bleibt im Licht, und durch ihn kommt niemand zu Fall. *(1.Joh 2,10)*

Jesus, bitte hilf mir, andere so zu lieben, wie du mich geliebt hast.

LESUNG: 1. Johannes 4,7-11

Ihr Lieben, laßt uns einander lieb haben; denn die Liebe ist von Gott, und wer liebt, der ist von Gott geboren und kennt Gott. Wer nicht liebt, der kennt Gott nicht; denn Gott ist die Liebe. Darin ist erschienen die Liebe Gottes unter uns, daß Gott seinen eingebornen Sohn gesandt hat in die Welt, damit wir durch ihn leben sollen. Darin besteht die Liebe: nicht, daß wir Gott geliebt haben, sondern daß er uns geliebt hat und gesandt seinen Sohn zur Versöhnung für unsre Sünden. Ihr Lieben, hat uns Gott so geliebt, so sollen wir uns auch untereinander lieben.

Als Jesus das Gebot gab, daß wir uns untereinander lieben sollen, wie er uns geliebt hat, erklärte er, daß dies bedeutet, unser Leben für unsere Freunde zu lassen. Was schließt diese Aussage mit ein? Daß wir nicht für uns selbst leben, sondern andere lieben und ihnen dienen sollen. Dadurch lieben wir Gott und dienen ihm.

Die Botschaft aus dem ersten Johannesbrief ist herausfordernd und kompromißlos; du kannst deine wahre Beziehung zu Gott daran messen, wie du zu anderen Christen stehst. Das eine spiegelt das andere wider. Du kannst Gott nicht wahrhaftig lieben, wenn du nicht auch deine Brüder liebst. Höre, was der Heilige Geist durch Johannes sagt: **Denn das ist die Botschaft, die ihr gehört habt von Anfang an, daß wir uns untereinander lieben sollen** *(1.Joh 3,11)*. Daran haben wir die Liebe erkannt, daß er sein Leben für uns gelassen hat; und wir sollen auch das Leben für die Brüder lassen *(1.Joh 3,16)*.

Er erklärt, was das in der Praxis bedeutet:
Wenn aber jemand dieser Welt Güter hat und sieht seinen Bruder darben und schließt sein Herz vor ihm zu, wie bleibt dann die Liebe Gottes in ihm? Meine Kinder, laßt uns nicht lieben mit Worten noch mit der Zunge, sondern mit der Tat und mit der Wahrheit *(1.Joh 3,17-18)*.
Ihr Lieben, laßt uns einander lieb haben; denn die Liebe ist von Gott, und wer liebt, der ist von Gott geboren und kennt Gott *(1.Joh 4,7)*.
Niemand hat Gott jemals gesehen. Wenn wir uns untereinander lieben,

so bleibt Gott in uns, und seine Liebe ist in uns vollkommen *(1.Joh 4,12)*.
Laßt uns lieben, denn er hat uns zuerst geliebt. Wenn jemand spricht: Ich liebe Gott, und haßt seinen Bruder, der ist ein Lügner *(1.Joh 4,19-20)*.
Und dies Gebot haben wir von ihm, daß, wer Gott liebt, daß der auch seinen Bruder liebe *(1.Joh 4,21)*.
Daran erkennen wir, daß wir Gottes Kinder lieben, wenn wir Gott lieben und seine Gebote halten *(1.Joh 5,2)*.

Diese Verse sprechen für sich. Es gibt kein 'kostenloses Christsein'. Es kostete Jesus sein Leben, uns zu lieben, und es kostet uns unser Leben, seine Liebe zu anderen auszudrücken. Wohin du auch als Christ gehst, bist du ein Zeuge seiner Liebe, und du hast genug Gelegenheiten zu lieben. Wie häufig du es tun willst, hängt davon ab, wie sehr du dir selbst gestorben bist, um für Jesus leben zu können.

Er erwartet nie von dir, zu lieben, ohne dir die Kraft dazu zu geben. Deshalb erinnert auch Johannes seine Leser: **Doch ihr habt die Salbung von dem, der heilig ist** *(1.Joh 2.20)*. **Und die Salbung, die ihr von ihm empfangen habt, bleibt in euch** *(1.Joh 2,27)*. **Und wir haben erkannt und geglaubt die Liebe, die Gott zu uns hat** *(1.Joh 4,16)*.

Erfahre von neuem seine Liebe, wenn du seine Worte hörst. Und freue dich darüber, daß du einer von den Menschen bist, durch die Gott seine Liebe anderen zeigen will.

Sei dir bewußt, daß dein Leben ein großer Segen für Gott und für andere Menschen sein kann, wenn du seine Liebe offenbarst.

MEDITATION:

Liebt euch untereinander, wie ich euch geliebt habe. *(Joh 13,34)*

Ihr Lieben, laßt uns einander lieb haben; denn die Liebe ist von Gott, und wer liebt, der ist von Gott geboren und kennt Gott. *(1.Joh 4,7)*

Wenn wir uns untereinander lieben, so bleibt Gott in uns, und seine Liebe ist in uns vollkommen. *(1.Joh 4,12)*

LOB:

Wie köstlich ist deine Güte, Gott! *(Ps 36,8)*

60. DIE LIEBE DES GEISTES

Meine Kinder, laßt uns nicht lieben mit Worten noch mit der Zunge, sondern mit der Tat und mit der Wahrheit. *(1.Joh 3,18)*

Vater, ich möchte deine Liebe durch mein Leben scheinen lassen.

LESUNG: 1. Korinther 13,4-8

Die Liebe ist langmütig und freundlich, die Liebe eifert nicht, die Liebe treibt nicht Mutwillen, sie bläht sich nicht auf, sie verhält sich nicht ungehörig, sie sucht nicht das Ihre, sie läßt sich nicht erbittern, sie rechnet das Böse nicht zu, sie freut sich nicht über die Ungerechtigkeit, sie freut sich aber an der Wahrheit; sie erträgt alles, sie glaubt alles, sie hofft alles, sie duldet alles. Die Liebe hört niemals auf.

Paulus spricht hier von den Eigenschaften der Liebe Gottes, der Liebe, die der Heilige Geist in unsere Herzen gibt. Natürlich können wir sehr ungeduldig, unfreundlich, unwillig, aufgeblasen, stolz, ungehörig, eigensüchtig, verbittert und nachtragend sein. Es sind dies Äußerungen des Fleisches, und bei jedem Menschen finden sich diese Eigenschaften in unterschiedlichem Maße. Wir alle müssen unsere Schuld zugeben, die wir durch falsche Haltungen und Reaktionen anderen gegenüber auf uns laden.

Der Heilige Geist jedoch schafft in uns die Haltung und die Reaktionen Jesu. In seinem Leben kann man sich diesen lieblosen Umgang mit anderen Menschen nicht vorstellen. Das Erstaunliche am Wirken des Geistes in uns ist, daß er uns so verändert, daß wir Jesus in unseren Beziehungen ausdrükken.

Leider bewirkt der Heilige Geist keine sofortige Vollkommenheit unseres Lebens. Wenn du nur kurz über deine Beziehungen zu anderen nachdenkst, wirst du bemerken, daß du viele der positiven Aspekte der Liebe, von denen Paulus spricht, anderen entgegenbringst - bestimmten Menschen! Es gibt jedoch andere, bei denen deine Geduld schnell am Ende ist, und du dir schwertust, sie zu lieben.

Das sind die Beziehungen, wo er dich verändern will, wenn du es zuläßt. Indem du ihm die lieblosen Dinge bekennst, kannst du den Geist bitten, in dir das Gute, das die Liebe Jesu ausmacht, zu wecken.

Er möchte uns lehren, andere um ihrer selbst willen und nicht aus eigennützigen Motiven zu lieben. Jesus erinnert uns, daß sogar Ungläubige die lieben, von denen sie wieder geliebt werden. Ein Christ soll lieben, selbst wenn seine Liebe für selbstverständlich gehalten oder sogar abgelehnt wird.

Oft rührt unser Unwillen, andere zu lieben, von unserer eigenen Unsicherheit her. Aus irgendeinem Grund haben wir Angst, zu lieben oder uns lieben zu lassen. Letzten Endes ist das ein Zeichen für die mangelnde Gewißheit, selbst von Gott geliebt zu sein. Du kannst lieben, wenn du in Gottes Liebe zu dir ruhst, selbst wenn deine Liebe zurückgewiesen wird. Vielleicht hast du die Liebe anderer Christen abgelehnt, bevor du Jesus kennengelernt hast, weil du dich in gewisser Weise herausgefordert fühltest oder dir deine mangelnde Gottesbeziehung bewußt wurde. Genauso kann auch deine Liebe gelegentlich abgewiesen werden. Laß nicht zu, daß dies dich davon abhält, andere zu lieben. Versuche zu verstehen, was in anderen Menschen vorgeht, und halte ihnen eventuelle Unsicherheiten zugute.

Ein Mangel an Liebe kann auch die Folge mangelnden Gehorsams sein. Ein Mensch, der sich dem Herrn nicht wirklich untergeordnet hat, und der das Kommando über sein Leben behalten möchte, wird oft durch Stolz und Eigensucht bestimmt. Er neigt dazu, nur zu lieben, wenn es ihm paßt, wenn es nicht zuviel verlangt oder zu unbequem ist.

Wir können uns an dem Geschenk freuen, das Gott uns gegeben hat, als er uns mit seinem Geist der Liebe erfüllte. Wer mit Liebe erfüllt ist, soll sie gebrauchen, sie anderen entgegenbringen. Die Bereitschaft dazu hängt davon ab, ob jemand willens ist, mit Gott zusammenzuarbeiten.

Frische Quellen seiner Liebe sind immer da, denn er hört nie auf, uns zu beschenken. Wenn du Gottes Wort in dich aufnimmst, kannst du wissen, daß er dir Liebe zuspricht und dir diese Liebe mitteilt.

MEDITATION:

Er (der Geist) wird's von dem Meinen nehmen und euch verkündigen.
(Joh 16,15)

Die Salbung, die ihr von ihm empfangen habt, bleibt in euch.
(1.Joh 2,27)

Laßt uns lieben, denn er hat uns zuerst geliebt. *(1.Joh 4,19)*

LOB:

Danket dem Herrn; denn er ist freundlich, denn seine Güte währet ewiglich. *(Ps 136,1)*

61. Seine Zeugen

Hört zu, meine lieben Brüder! Hat nicht Gott erwählt die Armen in der Welt, die im Glauben reich sind und Erben des Reichs, das er verheißen hat denen, die ihn lieb haben? *(Jak 2,5)*

Vater, ich möchte viel Frucht bringen zu deiner Herrlichkeit.

LESUNG: Jakobus 2,14-22

Was hilft's, liebe Brüder, wenn jemand sagt, er habe Glauben, und hat doch keine Werke? Kann denn der Glaube ihn selig machen? Wenn ein Bruder oder eine Schwester Mangel hätte an Kleidung und an der täglichen Nahrung und jemand unter euch spräche zu ihnen: Geht hin in Frieden, wärmt euch und sättigt euch!, ihr gäbet ihnen aber nicht, was der Leib nötig hat - was könnte ihnen das helfen? So ist auch der Glaube, wenn er nicht Werke hat, tot in sich selber. Aber es könnte jemand sagen: Du hast Glauben, und ich habe Werke. Zeige mir deinen Glauben ohne die Werke, so will ich dir meinen Glauben zeigen aus meinen Werken. Du glaubst, daß nur einer Gott ist? Du tust recht daran; die Teufel glauben's auch und zittern. Willst du nun einsehen, du törichter Mensch, daß der Glaube ohne Werke nutzlos ist? Ist nicht Abraham, unser Vater, durch Werke gerecht geworden, als er seinen Sohn Isaak auf dem Altar opferte? Da siehst du, daß der Glaube zusammengewirkt hat mit seinen Werken, und durch die Werke ist der Glaube vollkommen geworden.

Glaube führt zum Tun. Glaube kommt durch das Hören von Gottes Wort. Wir vertrauen darauf und handeln danach.

Liebe ist keine wahre Liebe, wenn sie nicht zu guten Taten führt. Wir lieben, wenn wir unser Leben für die Freunde lassen, ihnen gern geben und dienen.

Der Feind möchte, daß du nichts tust. Es macht ihm nichts aus, wenn Menschen supergeistliche Reden schwingen, solange sie keine Frucht bringen. Jesus hat gesagt: **Darin wird mein Vater verherrlicht, daß ihr viel Frucht bringt und werdet meine Jünger** *(Joh 15,8)*.

Gott möchte, daß du aktiv wirst, nicht passiv bleibst. Das bedeutet nicht, daß du dich wie ein Verrückter selbst anstrengst, sondern daß du der Führung des Geistes folgst, der dir zeigt, was du für den Vater tun sollst, und der dir gleichzeitig auch die Kraft dazu gibt.

Für Jakobus ist Glaube ohne Werke tot. Mit anderen Worten, es gibt keinen echten Glauben, der nicht zu guten Werken führt. Einige Menschen versuchen, eine künstliche Kluft aufzubauen zwischen dem, was Jakobus und Paulus über den Glauben sagen. Der Glaube, der gerecht macht, bringt Frucht. Wenn Gott spricht, erwartet er Gehorsam. Er leitet seine Kinder zum Handeln an, nicht zur Passivität.

Jakobus sagt noch etwas anderes von großer Wichtigkeit. Zu glauben, daß es einen Gott gibt, reicht nicht, um ihm zu gefallen oder um Heilung in ein Leben zu bringen. Sogar die Teufel glauben, daß es nur einen Gott gibt, aber deshalb sind sie noch keine Christen! Sie sind im Gegenteil gegen alles Christliche.

Glaube beschränkt sich nicht auf ein Glaubensbekenntnis, sondern zeigt sich darin, daß du Gott jeden Tag in jeder Situation vertraust. Seine Liebe und Kraft wirken in dir, und sein übernatürliches Leben durchdringt dein Leben. Deshalb, so Jakobus, wirken Glaube und Tat zusammen.

Die Felder sind reif für die Ernte. Gott kann dich gebrauchen, um die Botschaft seines Reiches unter die Menschen zu bringen: indem du andere liebst, und ihnen dienst; durch deinen Glauben an Gottes Kraft im täglichen Geschehen; durch dein Zeugnis in Wort und Tat.

Was will Gott speziell von dir? Er wird es dir zeigen, wenn du es wissen willst. Du kannst anfangen, Menschen zu lieben und ihnen zu dienen, wo du gerade bist, in der Erwartung, daß er durch seine Kraft Umstände ändert.

Höre auf Jesus, wenn er dich zum Fruchtbringen ermutigt. Er möchte, daß sein Vater durch dein Leben und durch den Heiligen Geist in dir verherrlicht wird. Paulus sagt, das einzige, was zählt, ist Glaube, der in der Liebe Ausdruck findet.

MEDITATION:

Darin wird mein Vater verherrlicht, daß ihr viel Frucht bringt und werdet meine Jünger. *(Joh 15,8)*

Wer in mir bleibt und ich in ihm, der bringt viel Frucht; denn ohne mich könnt ihr nichts tun. *(Joh 15,5)*

In Christus Jesus gilt ... der Glaube, der durch die Liebe tätig ist.
(Gal 5,6)

LOB:

Ich glaube aber doch, daß ich sehen werde die Güte des Herrn im Lande der Lebendigen. *(Ps 27,13)*

62. EINHEIT

Und wenn ich alle meine Habe den Armen gäbe und ließe meinen Leib verbrennen, und hätte die Liebe nicht, so wäre mir's nichts nütze.

(1.Kor 13,3)

Heiliger Geist, hilf mir, die Verbundenheit mit allen, die in Christus sind, zu erkennen.

LESUNG: Epheser 4,1-6

So ermahne ich euch nun, ich, der Gefangene in dem Herrn, daß ihr der Berufung würdig lebt, mit der ihr berufen seid, in aller Demut und Sanftmut, in Geduld. Ertragt einer den andern in Liebe und seid darauf bedacht, zu wahren die Einigkeit im Geist durch das Band des Friedens: ein Leib und ein Geist, wie ihr auch berufen seid zu einer Hoffnung eurer Berufung; ein Herr, ein Glaube, eine Taufe; ein Gott und Vater aller, der da ist über allen und durch alle und in allen.

Der Heilige Geist kann eine Einheit in der Liebe schaffen, die alle Unterschiede zwischen Christen überwindet. Es gibt auf der Welt viele Kirchen, doch in Wahrheit ist es nur eine Kirche, die Kirche des Herrn Jesus Christus. Alle, die im Geist wiedergeboren sind, sind Teil dieser Kirche, ohne Rücksicht auf die Konfessionszugehörigkeit. Jesus Christus selbst ist das Haupt dieser einen Kirche.

Er möchte, daß sein Leib - wie Paulus die Kirche nennt - eins ist. Jesus betete für diese Einheit, bevor er ans Kreuz ging. *... damit sie vollkommen eins seien und die Welt erkenne, daß du mich gesandt hast und sie liebst, wie du mich liebst (Joh 17,23).* Dieses Einssein soll ein Zeugnis der Liebe Gottes zu der Welt sein. Jesus spricht von der Einheit unter Christen, auch zwischen denen, die nicht derselben Kirche angehören.

Jesus offenbart sich den Christen, **damit die Liebe, mit der du mich liebst, in ihnen sei und ich in ihnen** *(Joh 17,26).* Es ist eine erstaunliche Bitte, daß des Vaters eigene Liebe für den Sohn in uns sein soll und daß Jesus selbst in uns leben möchte.

Wenn wir lieben, erlauben wir Jesus, durch unser Leben Licht in die Dunkelheit zu bringen. Wie wichtig ist es dann, uns nicht von Unterschieden auseinanderbringen zu lassen, sondern einander auch dann zu respektieren, wenn wir nicht in allen Punkten übereinstimmen. Der Geist der Wahrheit wird uns in die ganze Wahrheit leiten, sagt Jesus. Wir sind noch nicht am Ziel, aber der Geist wird uns dahin leiten.

Es ist wichtig, uns gegenseitig zu ehren, zu ermutigen und nicht schlecht voneinander zu sprechen. Wir stehen nicht in Konkurrenz mit anderen Gläubigen, denn wir versuchen, gemeinsam Jesu Liebe und Glauben in eine ungläubige Welt zu bringen. Deswegen sagt Paulus: **Die brüderliche Liebe untereinander sei herzlich. Einer komme dem andern mit Ehrerbietung zuvor** *(Röm 12,10)*.

Wir können die Zerrissenheit der Kirche durchaus dadurch fördern, daß wir uns anderen gegenüber falsch verhalten und über Mitglieder unserer Gemeinde schlecht reden. Wir können aber auch die Einheit zwischen Christen fördern, indem wir uns auf die Liebe und den Glauben, die uns verbinden, konzentrieren, und jede Gelegenheit nutzen, mit anderen am Reich Gottes auf Erden zu bauen.

Leider achten Christen oft viel mehr auf das, was sie unterscheidet, als auf die Liebe Christi, die sie verbindet. Offenheit für den Geist Gottes wird Christen zu einer neuen Einheit führen, nicht unbedingt auf kirchenrechtlicher Ebene, aber zu einer Einheit in Liebe und Glauben.

Bekenne dich zu deiner Verbundenheit mit anderen, drücke sie aus in der Liebe, die der Geist dir gibt. Nutze Gelegenheiten, anderen Christen zuzuhören und zu verstehen, was sie dir über euer gemeinsames Leben in Christus erzählen können. Widerstehe jedem Unglauben und jedem Kompromiß, was Gottes Wort anbetrifft - jedoch immer in Liebe. Du sollst deinen Bruder in Christus lieben, selbst wenn du nicht mit allem einverstanden bist, was er sagt!

MEDITATION:

Ertragt einer den andern in Liebe. *(Eph 4,2)*

Ich bitte ... damit sie alle eins seien. Wie du, Vater, in mir bist und ich in dir. *(Joh 17,20-21)*

Seid darauf bedacht, zu wahren die Einigkeit im Geist durch das Band des Friedens. *(Eph 4,3)*

LOB:

Siehe, wie fein und lieblich ist's, wenn Brüder einträchtig beieinander wohnen! ... Denn dort verheißt der Herr den Segen und Leben bis in Ewigkeit. *(Ps 133,1+3)*

63. Verkündige das Reich Gottes

Denn das ängstliche Harren der Kreatur wartet darauf, daß die Kinder Gottes offenbar werden. *(Röm 8,19)*

Vater, bitte gebrauche mich, um andern den Weg in dein Reich zu zeigen.

LESUNG: Philipper 2,14-16

Tut alles ohne Murren und ohne Zweifel, damit ihr ohne Tadel und lauter seid, Gottes Kinder, ohne Makel mitten unter einem verdorbenen und verkehrten Geschlecht, unter dem ihr scheint als Lichter in der Welt, dadurch, daß ihr festhaltet am Wort des Lebens, mir zum Ruhm an dem Tage Christi, so daß ich nicht vergeblich gelaufen bin noch vergeblich gearbeitet habe.

Die Welt ist voller Menschen mit körperlichen, seelischen und materiellen Nöten. Ihre größte Not ist jedoch geistlicher Natur, und die kann nur gelöst werden durch eine persönliche Beziehung zu Jesus. Ein Christ versucht nicht, anderen zu gefallen, indem er ihre Werte und Ideale annimmt. Er möchte seine Gedanken, seine Worte, sein Handeln in Einklang mit Gottes Willen bringen, als Kind des Reiches Gottes leben und anderen Menschen die Vorzüge von Gottes Herrschaft vermitteln.

Denn das ängstliche Harren der Kreatur wartet darauf, daß die Kinder Gottes offenbar werden *(Röm 8,19)*. Du bist eines dieser Kinder. Die Welt braucht Gottes Wort, nicht menschliche Ideen und Meinungen. Diese werden mit den Menschen verschwinden, Gottes Worte jedoch sind ewige Wahrheiten. Wenn die Kinder Gottes mit der Autorität des Heiligen Geistes die Wahrheit verkünden, dringt sie in die Herzen ein und fordert eine Antwort. Doch Gottes Wort muß in dem leben, der es verkündet, nur dann wird er fähig sein, von Herz zu Herz, nicht von Verstand zu Verstand zu sprechen.

Die erste Reaktion kann oft negativ sein, denn die Wahrheit ist häufig unbequem. Es kann jedoch gut für jemanden sein, sich zuerst unwohl zu fühlen, wenn ihn das zur Buße und zu neuem Leben führt! Paulus sagte: **Ich habe euch nichts vorenthalten, was nützlich ist, daß ich's euch nicht verkündigt und gelehrt hätte** *(Apg 20,20)*. Paulus war klar, daß es Schwierigkeiten gibt, wo das Reich des Lichts und das der Finsternis, also das Reich dieser Welt, aufeinanderstoßen. Dennoch nahm er von der Wahrheit Gottes nichts zurück.

Gottes Wort gilt für jeden, denn es ist wahr. Eine grundlegende Wahrheit wie "Gott liebt dich" muß ergänzt werden durch das Verstehen seiner Gnade,

Barmherzigkeit und Vergebung. Die Menschen müssen lernen und wissen, daß er der Gott der Verheißungen ist, der zu seinem Wort steht, und man muß ihnen zeigen, wie sie die Reichtümer seines Reich erlangen können. Er möchte sie mit seiner Macht in ihrem Alltag ausstatten, über sie herrschen, damit auch sie 'in ihrem Leben herrschen'.

Du kannst dabei helfen, diese Erkenntnisse für andere lebendig zu machen, wenn sie für dich wirklich sind. Das reiche Erbe, daß du in Christus hast, wird für dich umso handgreiflicher, je mehr du deinen Glauben anderen mitteilst. Ich bete, **daß der Glaube, den wir miteinander haben, in dir kräftig werde in Erkenntnis all des Guten, das wir haben, in Christus** *(Philem 6).* Nimm dir diese Wahrheit zu Herzen!

Laß nicht zu, daß Angst und Stolz dich davon abhalten, zu sagen, was nötig ist. Laß nicht zu, daß dein Reden sich auf all das Schlechte beschränkt, das in der Welt vorgeht, wo andere Menschen streiten und klagen, wo viel Bitterkeit, Haß, Neid und Ärger herrschen. Rede wie ein Kind aus Gottes Reich, dem Reich der Gerechtigkeit, der Freude und des Friedens im Heiligen Geist. Verkünde dies durch dein Reden und dein Tun.

Wird das Wort in der Kraft des Heiligen Geistes gesprochen, wird es Menschen anrühren, denn **das Wort Gottes ist lebendig und kräftig und schärfer als jedes zweischneidige Schwert, und dringt durch, bis es scheidet Seele und Geist** *(Heb 4,12).* Es dringt geradewegs in das Herz des Zuhörers ein. Sünder werden sich ihrer Sünde bewußt. Gläubige werden ermutigt. Und Gott bekräftigt sein Wort durch Zeichen seiner Macht.

So verbreiteten Jesus und die frühe Kirche das Evangelium, und diese Art und Weise wir auch heute benötigt. Wir sollen der Welt die Wahrheit nahebringen in der Kraft des Heiligen Geistes und sehen, daß sein Wort durch Zeichen und Wunder bestätigt wird.

MEDITATION:

Umsonst habt ihr's empfangen, umsonst gebt es auch. *(Mt 10,8)*

Wer nun mich bekennt vor den Menschen, den will ich auch bekennen vor meinem himmlischen Vater. *(Mt 10,32)*

Was ich euch sage in der Finsternis, das redet im Licht. *(Mt 10,27)*

LOB:

Erzählet unter den Heiden von seiner Herrlichkeit, unter allen Völkern von seinen Wundern! *(Ps 96,3)*

TEIL 7

DEIN LEBEN ALS JÜNGER

64. CHRISTUS FOLGEN

Und wer nicht sein Kreuz auf sich nimmt und folgt mir nach, der ist meiner nicht wert. *(Mt 10,38)*

Ich möchte dir nachfolgen, Jesus.

LESUNG: Lukas 9,23-26

Da sprach er zu ihnen allen: Wer mir folgen will, der verleugne sich selbst und nehme sein Kreuz auf sich täglich und folge mir nach. Denn wer sein Leben erhalten will, der wird es verlieren; wer aber sein Leben verliert um meinetwillen, der wird's erhalten. Denn welchen Nutzen hätte der Mensch, wenn er die ganze Welt gewönne und verlöre sich selbst oder nähme Schaden an sich selbst? Wer sich aber meiner und meiner Worte schämt, dessen wird sich der Menschensohn auch schämen, wenn er kommen wird in seiner Herrlichkeit und der des Vaters und der heiligen Engel.

Als Jesus von seiner Ablehnung und Kreuzigung sprach, redete er im gleichen Atemzug auch von dem Kreuz, das seine Jünger zu tragen haben würden. Dieses Kreuz war nicht nur für die ersten zwölf bestimmt, sondern für alle, die Jesus nachfolgen wollten.

Das Kreuz, das alle Jünger tragen müssen, unterscheidet sich von dem, das Jesus selbst trug. Die Kreuzigung des Sohnes Gottes war ein einzigartiges, nicht wiederholbares Ereignis. Er trug die Sünde der ganzen Menschheit, unsere Leiden und Krankheiten, Kummer und Sorgen. Am Kreuz überwand er den Teufel und alle seine Werke.

Es gibt nichts, was dem Sieg am Kreuz zugefügt werden muß oder jemals zugefügt werden könnte. Gottes Absicht ist, daß wir in seinem Sieg zu leben lernen, den er für uns gewonnen hat.

Wir müssen vorsichtig sein, daß wir nicht das falsche Kreuz tragen. Manchmal sprechen Christen davon, daß sie für ihre Sünden bestraft würden und daß dies das Kreuz sei, das sie zu tragen hätten. Das ist nicht richtig. Jesus erlitt unsere Strafe am Kreuz, damit wir Gottes Barmherzigkeit und Vergebung kennenlernen können, und er ersparte uns die Bestrafung, die wir eigentlich verdient haben.

Manchmal hört man, daß Krankheit das Kreuz sei, das wir zu tragen hätten. Doch Jesus trug alle unsere Schwächen und Krankheiten am Kreuz, und durch seine Wunden sind wir geheilt. Das Kreuz war die Antwort auf alle Krankheit. Wenn jemand meint, krank sein hieße, für Gottes Reich zu leiden, würde er besser daran tun, die Bibel etwas genauer zu lesen.

Jesus beschreibt die Art des Kreuzes, das wir als Christen oder als seine Jünger zu tragen haben. Es ist das Kreuz der Selbstverleugnung. **Wer mir folgen will, *der verleugne sich selbst* und nehme sein Kreuz auf sich täglich und folge mir nach** *(Lk 9,23)*. Das schließt mit ein, daß wir uns ganz der Herrschaft Jesu unterwerfen. Was zählt, ist nicht das, was wir wollen, sondern was er will.

Er sagt, daß die, die ihm nachfolgen, Verfolgung, Ablehnung und Spott erfahren werden. Nachfolge wird uns viel kosten. Doch dies ist das Kreuz, das wir gewillt sind, jeden Tag auf uns zu nehmen. Wir sind bereit, der Herausforderung, gläubige Zeugen in einer Welt voller Unglauben und Finsternis zu sein, ins Gesicht zu sehen.

Natürlich ist es kein Vergnügen, diesen Preis zu bezahlen, doch er ist unvermeidbar, wenn wir Jesus treu bleiben wollen. Jesus bezahlte diesen Preis während seines ganzen Dienstes, allerdings mit der richtigen Haltung: **der, obwohl er hätte Freude haben können, das Kreuz erduldete und die Schande gering achtete** *(Heb 12,2)*. Für uns kann der Preis verschieden aussehen: Zeit oder Geld zu opfern, um anderen zu dienen; es kann der Preis sein, ein geistliches Lebens in Gebet und Meditation zu führen; unseren Willens unter Gottes Willen zu stellen und auch das zu tun, was wir nicht möchten; es kann den Preis kosten, andere zu lieben, oder denen, die Jesus nicht kennen, das Evangelium zu bringen; Verfolgung und Spott dafür zu ernten, daß wir uns zu ihm bekennen; den Geboten Gottes treu zu bleiben, auch wenn es finanziellen Verlust bedeutet.

Jakobus sagt uns: **Meine lieben Brüder, erachtet es für lauter Freude, wenn ihr in mancherlei Anfechtungen fallt, und wißt, daß euer Glaube, wenn er bewährt ist, Geduld wirkt** *(Jak 1,2-3)*. Wie hoch auch der Preis sein mag, das Geschenk ist immer viel größer. Nichts, was wir tragen müssen, kann in irgendeiner Form verglichen werden mit dem Leiden Jesu für uns.

Laß die Verheißungen Jesu auf dich wirken. Konzentriere dich nicht auf den Preis, sondern auf die Freude darüber, daß du ihm damit dienst. Denke daran, daß du immer mehr zurückerhältst, als du ihm gibst.

MEDITATION:

Wer aber sein Leben verliert um meinetwillen, der wird's finden.
(Mt 16,25)

Folgt mir nach. *(Mt 4,19)*

Und wer nicht sein Kreuz auf sich nimmt und folgt mir nach, der ist meiner nicht wert. *(Mt 10,38)*

LOB:

Wie lieblich sind auf den Bergen die Füße der Freudenboten, die da Frieden verkündigen, Gutes predigen, Heil verkündigen, die da sagen zu Zion: Dein Gott ist König! *(Jes 52,7)*

65. MIT CHRISTUS GEKREUZIGT

Ich bin mit Christus gekreuzigt. Ich lebe, doch nun nicht ich, sondern Christus lebt in mir. Denn was ich jetzt lebe im Fleisch, das lebe ich im Glauben an den Sohn Gottes, der mich geliebt hat und sich selbst für mich dahingegeben. *(Gal 2,19-20)*

Vater, ich übergebe dir mein Leben ganz und gar.

LESUNG: 1. Korinther 6,19-20

Oder wißt ihr nicht, daß euer Leib ein Tempel des Heiligen Geistes ist, der in euch ist und den ihr von Gott habt, und daß ihr nicht euch selbst gehört? Denn ihr seid teuer erkauft; darum preist Gott mit eurem Leibe.

Jesus brachte *dich*, nicht nur deine Sünden ans Kreuz. Durch sein Blut kannst du Vergebung für deine Sünden erlangen. Durch das Kreuz ist die Kraft der Sünde in deinem Leben gebrochen. Deswegen sagt Paulus: **Ich bin mit Christus gekreuzigt. Ich lebe, doch nun nicht ich, sondern Christus lebt in mir. Denn was ich jetzt lebe im Fleisch, das lebe ich im Glauben an den Sohn Gottes, der mich geliebt hat und sich selbst für mich dahingegeben** *(Gal 2,19-20).* Aber Jesus brachte nicht nur Saulus' Sünde ans Kreuz: Er nahm Saulus von Tarsus mit ans Kreuz, so daß er dem alten Leben gestorben war und Jesus ihm ein neues Leben, eine neue Natur geben konnte.

Das zeigt dir nicht nur die große Kraft des Kreuzes, sondern es macht auch eine andere Wahrheit deutlich: Dein Leben gehört dir nicht. Alles, was du bist und hast, gehört dem Herrn.

Als Jesus ans Kreuz ging, bezahlte Gott, der Vater, den Preis für dich mit dem Blut seines Sohnes, damit du ihm ganz gehörst. Du hast kein Leben, keine Identität, nichts, außer durch ihn. Der Vater wollte *dich* als sein Kind, *dich* in seinem Reich, nicht deine Sünden. Er machte dich rein, damit du ein heiliger Tempel für seine Gegenwart in der Welt bist.

Gott möchte mehr als nur eine verstandesmäßige Zustimmung zu der Wahrheit, daß alles, was du bist und hast, ihm gehört. Die Probe kommt dann, wenn er über einen Teil deines Lebens Besitz ergreifen will und er mit deinem Willen in Konflikt gerät. Wir wollen nicht immer gehorsam sein. Selbst wenn wir wissen, was richtig ist, wollen wir es nicht immer unbedingt auch tun. Als Kind seines Reiches zu leben, heißt, die Rechte, die Gott über uns hat, und die Forderungen, die er stellt, anzuerkennen.

Gott will dir nichts wegnehmen, wenn du ihm dein Leben übergibst, es gehört ihm schon alles. Das ist eine Offenbarung, die deinem Leben eine große

Freiheit gibt. Was auch immer du ihm geben magst, gehört ihm schon; ihm etwas vorzuenthalten, bedeutet, seine Herrschaft über dein Leben abzulehnen. Er möchte in dir und durch dich wirken. Paulus spricht von **dem herrlichen Reichtum dieses Geheimnisses unter den Heiden, nämlich Christus in euch, die Hoffnung der Herrlichkeit** *(Kol 1,27)*.

Da der alte Saulus nicht mehr lebte, konnte Christus in dem neuen Menschen Paulus leben. Der Apostel konnte jetzt durch den Glauben in dem Sohn Gottes leben und alle Reichtümer standen ihm zur Verfügung.

Beachte: Christus lebt in dir, um sein Leben und seine Liebe durch dich in der Kraft des Heiligen Geistes auszudrücken. Der Mensch, der du einst warst, ist tot und mit Christus begraben, wie es in deiner Taufe deutlich wurde. Der Geist Gottes will aus dir, deinem Innersten, fließen wie Ströme lebendigen Wassers. Du gehörst ihm. Indem du mit ihm zusammenarbeitest auf seine Ziele für dein Leben hin, wird er seinen Weg mit dir gehen, auf dem du ein Segen für ihn und andere Menschen bist. Nicht mehr du lebst, sondern Christus lebt in dir.

Du bist von der Knechtschaft deiner selbst befreit. Du brauchst dich nicht zu plagen, um etwas für Gott zu vollbringen; er will durch dich wirken, wenn du anerkennst, wer der wirkliche Herr deines Lebens ist und dein Leben Gottes Zielen unterstellst. Seine Gebote werden dir nicht lästig sein, du wirst dich daran freuen, seinen Willen zu tun.

Durch den Heiligen Geist kann der heilige Gott sein heiliges Leben durch dich offenbaren. Alles, was er dazu braucht, ist dein Einverständnis. Es ist eine Ehre, von Gott gerufen und erwählt zu sein. Warum gerade du? Auf diese Frage wirst du nie eine zufriedenstellende Antwort finden. Du kannst nur für all seine Liebe und Gnade dankbar sein, in der er dich erwählt hat, ein Mensch, in dem er lebt.

MEDITATION:

Ihr gehört nicht euch selbst. Denn ihr seid teuer erkauft; darum preist Gott mit eurem Leibe.
(1.Kor 6,19-20)

Euer Leib ist ein Tempel des Heiligen Geistes, der in euch ist.
(1.Kor 6,19)

Was ich jetzt lebe im Fleisch, das lebe ich im Glauben an den Sohn Gottes, der mich geliebt hat und sich selbst für mich dahingegeben.
(Gal 2,20)

LOB:

Denn bei dir ist die Quelle des Lebens, und in deinem Lichte sehen wir das Licht.
(Ps 36,10)

66. Mit Gott einer Meinung sein

Ja, selig sind, die das Wort Gottes hören und bewahren. *(Lk 11,28)*

Vater, ich möchte dein Wort nie in Frage stellen.

LESUNG: Matthäus 16,13-23

Da kam Jesus in die Gegend von Cäsarea Philippi und fragte seine Jünger und sprach: Wer sagen die Leute, daß der Menschensohn sei? Sie sprachen: Einige sagen, du seist Johannes der Täufer, andere, du seist Elia, wieder andere, du seist Jeremia oder einer der Propheten. Er fragte sie: Wer sagt denn ihr, daß ich sei? Da antwortete Simon Petrus und sprach: Du bist Christus, des lebendigen Gottes Sohn! Und Jesus antwortete und sprach zu ihm: Selig bist du, Simon, Jonas Sohn; denn Fleisch und Blut haben dir das nicht offenbart, sondern mein Vater im Himmel. Und ich sage dir auch: Du bist Petrus, und auf diesen Felsen will ich meine Gemeinde bauen, und die Pforten der Hölle sollen sie nicht überwältigen. Ich will dir die Schlüssel des Himmelreichs geben: alles, was du auf Erden binden wirst, soll auch im Himmel gebunden sein, und alles, was du auf Erden lösen wirst, soll auch im Himmel gelöst sein. Da gebot er seinen Jüngern, niemandem zu sagen, daß er der Christus sei. Seit der Zeit fing Jesus an, seinen Jüngern zu zeigen, wie er nach Jerusalem gehen und viel leiden müsse von den Ältesten und Hohenpriestern und Schriftgelehrten und getötet werden und am dritten Tage auferstehen. Und Petrus nahm ihn beiseite und fuhr ihn an und sprach: Gott bewahre dich, Herr! Das widerfahre dir nur nicht! Er aber wandte sich um und sprach zu Petrus: Geh weg von mir, Satan! Du bist mir ein Ärgernis; denn du meinst nicht, was göttlich, sondern was menschlich ist.

Es ist der Moment der Wahrheit, Zeit für die Jünger zu verstehen, wer Jesus ist. Petrus ist es, der die ihm von Gott eingegebene Offenbarung ausspricht: **Du bist Christus, des lebendigen Gottes Sohn!** Jesus lobt ihn und nutzt die Gelegenheit, den Jüngern zu sagen, daß sie die Macht haben werden, zu binden und zu lösen. Er prophezeit aber auch sein künftiges Leiden, seine Kreuzigung und Auferstehung.

Das ist zuviel für Petrus. Er widerspricht. Wie kann so etwas wahr sein für den Messias, den Christus, Gottes Sohn? **Gott bewahre dich, Herr! Das widerfahre dir nur nicht!** *(Mt 16,22)*, sagt er.

Petrus macht damit einen großen Fehler. In diesem Augenblick erkennt er die Göttlichkeit Jesu, er erkennt ihn als Gottes Sohn, und im nächsten bereits wagt er, ihm zu widersprechen. Satan ist es, der Gottes Wort widerspricht. Innerhalb eines Augenblicks wurde Petrus vom Sprachrohr für die Offenbarung des Vaters zum Sprecher des Feindes!

Eine Warnung an uns alle! Wenn wir Gottes Wort widersprechen, lehnen wir uns gegen das auf, was er sagt und stehen auf der Seite des Feindes. Das sollten wir lieber lassen. Manchmal widersprechen wir, weil das, was Gott sagt, über unser Verstehen hinausgeht und manchmal, weil wir es nicht mögen.

Zu diesem Zeitpunkt konnte Petrus nicht verstehen, warum Jesus ans Kreuz gehen sollte. Es gefiel ihm auch nicht, was er da hörte. Er achtete auf seine Gefühle, anstatt auf den Herrn. Er hatte Jesus lieben gelernt und konnte den Gedanken nicht ertragen, daß er **viel leiden müsse** und getötet würde.

Wir müssen lernen, unser Denken, unsere Gefühle und unseren Willen, Gottes Wort zu unterstellen; jeder Teil unserer Seele soll mit dem in Einklang gebracht werden, was er sagt.

Das bedeutet nicht, daß Jesus möchte, daß wir unseren Verstand ausschalten. Weit gefehlt. Petrus' Verstand mußte geschärft und das Verständnis für die alttestamentarischen Prophetien ausgeweitet werden, bevor er ermessen konnte, wie wichtig das Kreuz war. Der Geist Gottes ruft uns dazu auf, weiter zu denken. Der menschliche Verstand macht Gott und seine Fähigkeiten kleiner.

Es gibt immer welche, die ihren Verstand über die Schrift stellen. In Wirklichkeit ist ihr Denken zu klein, als daß sie Gottes Gedanken und Wege begreifen könnten. In ihrem Stolz weisen sie Gott in die Schranken ihres eigenen Verstehens, das oft winzig und unbedeutend ist.

Laß zu, daß die Schrift zu dir spricht, du erweiterst damit dein Verstehen. Jedes Wort ist Nahrung für dich als Jünger Jesu. Wenn er mit dir redet, widersprich ihm nicht. Was auch immer er von dir will, tu es. Lerne aus dem, was er sagt, und glaube seinen Verheißungen.

MEDITATION:

Der Mensch lebt nicht vom Brot allein, sondern von einem jedem Wort, das aus dem Mund Gottes geht. *(Mt 4,4)*

Meine Speise ist die, daß ich tue den Willen dessen, der mich gesandt hat, und vollende sein Werk. *(Joh 4,34)*

Was er euch sagt, das tut. *(Joh 2,5)*

LOB:

Dein Wort ist meinem Munde süßer als Honig. *(Ps 119,103)*

67. IN SEINEM NAMEN DIENEN

Und ich habe ihnen deinen Namen kundgetan und werde ihn kundtun, damit die Liebe, mit der du mich liebst, in ihnen sei und ich in ihnen.
(Joh 17,26)

Jesus, hilf mir, demütig zu dienen.

LESUNG: Matthäus 25,34-36

Da wird dann der König sagen zu denen zu seiner Rechten: Kommt her, ihr Gesegneten meines Vaters, ererbt das Reich, das euch bereitet ist von Anbeginn der Welt! Denn ich bin hungrig gewesen, und ihr habt mir zu essen gegeben. Ich bin durstig gewesen, und ihr habt mir zu trinken gegeben. Ich bin ein Fremder gewesen, und ihr habt mich aufgenommen. Ich bin nackt gewesen, und ihr habt mich gekleidet. Ich bin krank gewesen, und ihr habt mich besucht. Ich bin im Gefängnis gewesen, und ihr seid zu mir gekommen.

Der größte im Reich Gottes soll der geringste von allen sein, derjenige, der zum Dienen bereit ist. Dies ist ein weiterer Grundsatz in Gottes Reich. Da Jesus auf der Erde den Willen Gottes vollkommen erfüllte, kam er als unser aller demütiger Diener. **Sondern der Größte unter euch soll sein wie der Jüngste, und der Vornehmste wie ein Diener** *(Lk 22,26)*.

Es ist eine Ehre, für Gott dienen zu dürfen! Es ist eine Ehre, daß er in dir lebt und durch dich wirken will. Selbst wenn du alles tust, was er verlangt, bist du immer noch ein unnützer Knecht, sagt Jesus *(Lk 17,10)*. Und doch gibt er dir unermeßlich viel mehr zurück, als du anderen gibst, und verspricht dir Lohn für alles, was du tust.

Dadurch, daß wir uns mit dem Leben, der Liebe und der Macht des Königs in die Welt begeben, erfüllen wir unseren Auftrag. Die Liebe Gottes ist sehr konkret, und sie soll durch unser Leben zum Ausdruck kommen. Das schließt mit ein, daß wir bereit sind, anderen zu dienen, in welcher Art auch immer Gott es von uns verlangt. Wir werden keine Frucht tragen, wenn wir die Augen vor den Nöten um uns verschließen. Liebe ist praktisch und zeigt sich darin, daß wir anderen geben und ihnen dienen. Inwieweit du bereit bist, Gott zu dienen, zeigt sich darin, was du gibst, um anderen zu dienen, wie du deine Zeit, deine Fähigkeiten und dein Geld einsetzt.

Du kannst dich hinsetzen und dir sagen: "Ich habe nicht genug Liebe", oder du kannst die Wahrheit anerkennen, daß Jesus dir die Liebe des Vaters gegeben hat. Das heißt, du kannst handeln, geben und lieben, anstatt nur davon zu reden, was getan werden muß. **Denn das Reich Gottes steht nicht** in Worten, sondern in Kraft *(1.Kor 4,20)*. Es reicht nicht, deine Anteilnahme auszusprechen, wenn du die Möglichkeit hast, der Not abzuhelfen. Gott hat dir die Kraft gegeben, in seinem Namen zu lieben, zu dienen und Wunder zu wirken.

Bevor du Großes in Gott anstrebst, erinnere dich daran, daß Jesus sagt, du sollst dein Vertrauen erst in kleinen Dingen beweisen. Viele möchten spektakuläre Ergebnisse erzielen, die großen Eindruck machen, aber sie wollen sich die Hände nicht beschmutzen. Sie wollen Anerkennung, aber keine Demut.

Du brauchst nicht nach einer Aufgabe zu suchen. Gott setzt dir die Dinge, die du tun sollst, direkt vor die Nase, ebenso die Menschen, die du lieben sollst. Und er verlangt nie etwas von dir, ohne dir auch die nötigen Fähigkeiten zu geben. Du brauchst dich nicht auf deine vorhandenen Quellen und Stärken zu verlassen. Wenn diese Gott unterstellt sind, wirst du entdecken, daß übernatürliche Kräfte und Fertigkeiten ebenso bereit liegen.

In der obenstehenden Erzählung (Lesung) wird berichtet, wie erstaunt die hilfsbereiten Menschen über die Äußerungen des Königs waren, dem sie unwissend gedient hatten. Es erschien ihnen nur natürlich, die Liebe und das Mitleid, die er in ihre Herzen gelegt hatte, auszudrücken. Im Gegensatz dazu waren diejenigen blind gegenüber den Menschen um sie her, die nur auf sich selbst sahen.

Oft magst du dich unfähig und ungeeignet fühlen, andere zu lieben, ihnen zu dienen oder ihren Nöten zu begegnen. Nur Mut! Das Geheimnis ist Christus in dir. Der Heilige Geist wird dir helfen und dich fähig machen. Auch jetzt kannst du die Kraft Gottes von neuem empfangen, sie ist immer für dich bereit.

MEDITATION:

Ich aber bin unter euch wie ein Diener. *(Lk 22,27)*

Tut euren Dienst mit gutem Willen als dem Herrn. *(Eph 6,7)*

Es werden nicht alle, die zu mir sagen: Herr, Herr!, in das Himmelreich kommen, sondern die den Willen tun meines Vaters im Himmel.
(Mt 7,21)

LOB:

Herr, deine Güte reicht, so weit der Himmel ist, und deine Wahrheit, so weit die Wolken gehen. *(Ps 36,6)*

68. DEINE AUTORITÄT GEBRAUCHEN

Oder wie kann jemand in das Haus eines Starken eindringen und ihm seinen Hausrat rauben, wenn er nicht zuvor den Starken fesselt? Erst dann kann er sein Haus berauben. *(Mt 12,29)*

Jesus, ich möchte die Autorität, die du mir gibst, gebrauchen.

LESUNG: 2. Korinther 10,3-5

Denn obwohl wir im Fleisch leben, kämpfen wir doch nicht auf fleischliche Weise. Denn die Waffen unsres Kampfes sind nicht fleischlich, sondern mächtig im Dienste Gottes, Festungen zu zerstören. Wir zerstören damit Gedanken und alles Hohe, das sich erhebt gegen die Erkenntnis Gottes, und nehmen gefangen alles Denken in den Gehorsam gegen Christus.

Einige fangen an zu glauben und nennen Jesus ihren Herrn, sind aber nicht bereit, ihm in ihrem weiteren Leben zu gehorchen, aber Jesus beruft uns nicht nur zu einem Anfang im Glaubens, sondern zu einem Glauben an ihn auf Lebenszeit.

Viele Christen kennen die 'geistliche Kampfführung', an der sie teilhaben sollen, nicht. Sie beachten nicht die Wahrheit dessen, was Paulus lehrt: **Denn wir haben nicht mit Fleisch und Blut zu kämpfen, sondern mit Mächtigen und Gewaltigen, nämlich mit den Herren der Welt, die in dieser Finsternis herrschen, mit den bösen Geistern unter dem Himmel** *(Eph 6,12).*

Christen müssen Autorität über geistliche Mächte ausüben, die versuchen, Völker, Orte und einzelne Personen zu beherrschen; sie müssen die Unterdrückung durch Satan unterbinden, der sie auf ihrem Weg in Glauben und Gehorsam zu behindern sucht. Sie sollen für Menschen bitten, aber auch energisch gegen die Mächte der Finsternis angehen, die sie angreifen.

Einige Menschen erkennen die Mächte nicht, die hinter den Schwierigkeiten stehen, die sie durchmachen. Sie beten für eine Situation, ohne diese Mächte zu binden und ihnen zu befehlen, die Sache loszulassen. Einige erlangen keinen Sieg über ihre Krankheit, weil sie es unterlassen, ihre Autorität als Kinder des Reiches auszuüben und den Mächten der Finsternis zu gebieten, die ihre Krankheit verursachen. Bei mehreren Gelegenheiten befahl Jesus Heilung, indem er die Menschen von der Knechtschaft dunkler Mächte befreite.

Satan möchte aus jeder Schwäche deines Lebens Kapital schlagen und dich auf diese Weise in Unterdrückung und Abhängigkeit führen. Wenn das passiert ist, brauchst du Buße für deine Sünden, du mußt aber auch deine Autorität über den Feind nutzen, ihm ins Gesicht sehen und ihm befehlen zu gehen. Auf diese Weise wirst du frei von Unterdrückung und kannst den Heiligen Geist bitten, dich zu stärken. Du wirst erstaunt sein über den Sieg, der dadurch in dein Leben kommt.

Du wirst keinen Sieg erlangen, indem du in der Vergangenheit herumstöberst oder dich auf dich selbst konzentrierst, sondern dadurch, daß du die Macht des Blutes Jesu verkündest, die dich von der Vergangenheit und jeder Form der Unterdrückung befreit. Hab keine Angst davor, die Mächte der Finsternis mit der Vollmacht, die du als Gottes Kind hast, wegzuschicken. Befiehl ihnen, wegzugehen, aufzuhören, dich zu unterdrücken. Wenn du den Mächten der Finsternis entgegentrittst, ist folgendes wichtig: Wenn du einen Kampf erwartest, wirst du auch einen Kampf bekommen; wenn du jedoch einen Sieg erwartest, wirst du den Sieg davontragen. "Ich verkünde den Sieg Jesu über Satan und alle seine Werke. Alle Mächte der Finsternis weicht von mir, ihr habt keinen Anspruch auf mein Leben". Wenn du mit dem Teufel umgehst, bleib so streng und fest, wie du es mit einem ungezogenen Kind wärest. Du sagst ihm, was er tun soll.

Manchmal wirst du merken, daß du in einem geistlichen Kampf stehst, während du im Heiligen Geist betest. Versuche 'durchzubeten', bis du dir des Sieges sicher bist. Das ist der Ausdruck, den viele große Menschen des Gebets gebrauchten. Halte durch, gib nicht auf, auch wenn du gelegentlich erfährst, daß du den Sieg nicht auf einen Schlag erlangst. Denk daran, daß die geistlichen Kräfte des Himmels unendlich viel größer sind als die des Teufels.

Zuerst mußt du die Offenbarung des Herrn haben, der dir persönlich die Vollmacht als Kind seines Reiches gibt.

MEDITATION:

So seid nun Gott untertan. Widersteht dem Teufel, so flieht er von euch.
(Jak 4,7)

Er trieb die Geister aus durch sein Wort und machte alle Kranken gesund. *(Mt 8,16)*

Das sage und ermahne und weise zurecht mit ganzem Ernst. *(Tit 2,15)*

LOB:

Der Herr aber bleibt ewiglich; er hat seinen Thron bereitet zum Gericht.
(Ps 9,8)

69. DER NAME JESU

Wer den Namen des Herrn anrufen wird, der soll gerettet werden.
(Apg 2,21)

Vater, ich möchte den Namen Jesu mit Macht und Autorität gebrauchen.

Lesung: Apostelgeschichte 3,1-10+16

Petrus aber und Johannes gingen hinauf in den Tempel um die neunte Stunde, zur Gebetszeit. Und es wurde ein Mann herbeigetragen, lahm von Mutterleibe; den setzte man täglich vor die Tür des Tempels, die da heißt die Schöne, damit er um Almosen bettelte bei denen, die in den Tempel gingen. Als er nun Petrus und Johannes sah, wie sie in den Tempel hineingehen wollten, bat er um ein Almosen. Petrus aber blickte ihn an mit Johannes und sprach: Sieh uns an! Und er sah sie an und wartete darauf, daß er etwas von ihnen empfinge. Petrus aber sprach: Silber und Gold habe ich nicht, aber was ich habe, das gebe ich dir: Im Namen Jesu Christi von Nazareth steh auf und geh umher! Und er ergriff ihn bei der rechten Hand und richtete ihn auf. Sogleich wurden seine Füße und Knöchel fest, er sprang auf, konnte gehen und stehen und ging mit ihnen in den Tempel, lief und sprang umher und lobte Gott. Und es sah ihn alles Volk umhergehen und Gott loben. Sie erkannten ihn auch, daß er es war der vor der Schönen Tür des Tempels gesessen und um Almosen gebettelt hatte; und Verwunderung und Entsetzen erfüllte sie über das, was ihm widerfahren war. ... Und durch den Glauben an seinen Namen hat sein Name diesen, den ihr seht und kennt, stark gemacht; und der Glaube, der durch ihn gewirkt ist, hat diesem die Gesundheit gegeben vor euer aller Augen.

Der Name Jesu ist höher als jeder andere Name, er bedeutet 'Retter' oder 'der Herr hilft'. Jesus rettet von Sünde und Tod, von Verdammnis und Finsternis, vom Teufel und den Mächten der Hölle, von Krankheit und Leiden. Er rettet uns für sich, er hat sich ein Volk erwählt, das für ihn lebt, das sein Reich auf Erden verbreitet; ein Volk, das in seinen Augen heilig und schuldlos ist.

Da sein Name größer ist als jeder andere, soll sich vor dem Namen Jesu jedes Knie beugen **im Himmel und auf Erden und unter der Erde, und alle Zungen sollen bekennen, daß Jesus Christus der Herr ist, zur Ehre Gottes, des Vaters** *(Phil 2,10-11).* Alle werden am Ende die Erkenntnis der Macht Jesu und der Kraft seines Namens haben. **In keinem andern ist das**

Heil, auch ist kein andrer Name unter dem Himmel den Menschen gegeben, durch den wir sollen selig werden *(Apg 4,12)*.

Rettung bedeutet Heilung. Der Name Jesu steht für vollkommene Heilung von Geist, Seele und Leib, ermöglicht durch Leben, Tod und Auferstehung des Sohnes Gottes. Als Jesus seinen Auftrag an die Kirche gibt, sagt er, daß die Gläubigen in seinem Namen böse Geister austreiben werden, und **auf Kranke werden sie die Hände legen, so wird's besser mit ihnen werden** *(Mk 16,18)*.

Diese Worte wurden erfüllt, als Petrus und Johannes den lahmen Bettler heilten. Als sie gefragt wurden, warum der Mann geheilt wurde, erklärten sie: **Und durch den Glauben an seinen Namen hat sein Name diesen, den ihr seht und kennt, stark gemacht; und der Glaube, der durch ihn gewirkt ist, hat diesem die Gesundheit gegeben vor euer aller Augen** *(Apg 3,16)*.

Als sie später vor den Hohen Rat gerufen wurden, wiederholten sie: **Im Namen Jesu Christi von Nazareth ...; durch ihn steht dieser hier gesund vor euch** *(Apg 4,10)*.

Der Name Jesu hat seit den biblischen Zeiten nichts an Bedeutung, Macht oder Autorität verloren. Sein Name steht nach wie vor über jedem anderen Namen. Sein Name ist immer noch der einzige, durch den Menschen gerettet werden können. Durch den Glauben an diesen Namen können Kranke immer noch geheilt werden zur Verherrlichung Gottes.

Der Name Jesu kann in deinem Leben mächtig und wirkungsvoll sein. Du hast den "Zunamen" Jesus Christus. Du sollst in seinem Namen beten, und alles, was du sagst und tust, soll in seinem Namen geschehen. **Und alles, was ihr tut mit Worten oder mit Werken, das tut alles im Namen des Herrn Jesus und dankt Gott, dem Vater, durch ihn** *(Kol 3,17)*.

Verstehst jetzt, welch ein enormes Vorrecht es ist, wenn Gott dich einlädt, im Namen Jesu beten zu dürfen? Stell dir vor, was du alles erleben kannst, wenn du in seinem Namen anfängst zu sprechen und zu handeln. Wenn du dem Gebot Gottes gehorchst, gibt er dir die Kraft, Kranke zu heilen, denn auch heute werden Menschen durch den Glauben an Jesu Namen geheilt.

Höre nun die Verheißungen für dich. Laß diese Worte in dein Herz eindringen. Jesus spricht sie zu dir.

MEDITATION:

Und was ihr bitten werdet in meinem Namen, das will ich tun.
(Joh 14,13)

Wer den Namen des Herrn anrufen wird, der soll gerettet werden.
(Apg 2,21)

Im Namen Jesu Christi von Nazareth steh auf und geh umher!
(Apg 3,6)

LOB:

Bringet dar dem Herrn die Ehre seines Namens! *(Ps 29,2)*

TEIL 8

DEIN LEBEN IN HEILIGKEIT UND HERRLICHKEIT

70. ICH MACHE DICH STARK

Der Herr wird seinem Volk Kraft geben; der Herr wird sein Volk segnen mit Frieden. *(Ps 29,11)*

Danke Herr, daß du versprochen hast, mich stark zu machen.

Lesung: Jesaja 41,9-13

Ich habe dich fest ergriffen von den Enden der Erde her und berufen von ihren Grenzen, zu dir sprach ich: Du sollst mein Knecht sein; ich erwähle dich und verwerfe dich nicht -, fürchte dich nicht, ich bin mit dir; weiche nicht, denn ich bin dein Gott. Ich stärke dich, ich helfe dir auch, ich halte dich durch die rechte Hand meiner Gerechtigkeit. Siehe, zu Spott und zuschanden sollen werden alle, die dich hassen; sie sollen werden wie nichts, und die Leute, die mit dir hadern, sollen umkommen. Wenn du nach ihnen fragst, wirst du sie nicht finden. Die mit dir hadern, sollen werden wie nichts, und die wider dich streiten, sollen ein Ende haben. Denn ich bin der Herr, dein Gott, der deine rechte Hand faßt und zu dir spricht: Fürchte dich nicht, ich helfe dir!

Der Herr ist die Stärke deines Lebens. In vielen Situationen wirst du dich schwach, nutzlos und unfähig fühlen, vielleicht sogar als Versager. Es wird dir scheinen, daß der Herr nur deine Schwachstellen zum Vorschein bringen will, doch in solchen Momenten will er dir seine Liebe besonders zeigen. Seine Liebe gilt dir, so wie du bist, und nicht dem Menschen, der du in den Augen anderer gern sein möchtest.

Dich hat er gerufen und erwählt, *dich* hat er angenommen, in *dir* lebt er durch die Kraft seines Heiligen Geistes, *dir* hat er ein neues Leben gegeben.

Du bist nicht an deiner Vergangenheit, dein Versagen und deine Unzulänglichkeiten gebunden. Der Herr kann in deiner Schwäche mit seiner Stärke wirken. Diese Lektion mußte Paulus lernen: **Laß dir an meiner Gnade genügen; denn meine Kraft ist in den Schwachen mächtig** *(2.Kor 12,9)*. Das bedeutet nicht, daß Gottes Macht jemals unvollkommen wäre, sondern das volle Maß seiner Macht kommt in deiner Schwäche zur Geltung. Er wählte, **was schwach ist vor der Welt, ... damit er zuschanden mache, was stark ist** *(1.Kor 1,27)*.

Immer und immer wieder sagt uns der Herr, keine Angst zu haben, denn er weiß, daß dies oft unsere natürliche Reaktion ist. **Ich habe dich fest ergriffen von den Enden der Erde her und berufen von ihren Grenzen, zu dir sprach ich: Du sollst mein Knecht sein; ich erwähle dich und verwerfe** dich nicht -, fürchte dich nicht, ich bin mit dir; weiche nicht, denn ich bin dein Gott. Ich stärke dich, ich helfe dir auch, ich halte dich durch die rechte Hand meiner Gerechtigkeit *(Jes 41,9-10)*.

Du kannst lernen, stark zu bleiben in dem Wissen, was du ihm bedeutest und was er für dich getan hat. Du kannst dich ihm übergeben und wissen, daß er dich gebrauchen und durch dich wirken wird trotz aller deiner Unzulänglichkeiten. **Darum, meine lieben Brüder, seid fest, unerschütterlich und nehmt immer zu in dem Werk des Herrn, weil ihr wißt, daß eure Arbeit nicht vergeblich ist in dem Herrn** *(1.Kor 15,58)*.

Paulus betont noch einmal: **Wachet, steht im Glauben, seid mutig und seid stark! Alle eure Dinge laßt in der Liebe geschehen!** *(1.Kor 16,13-14)*. Sei stark im Glauben daran, wer du in Christus bist. Sei mutig in deinem Glauben, denn du weißt, daß er dich nicht im Stich lassen wird, wenn du auf ihn traust. Du magst dich schwach fühlen, aber er wird nicht zulassen, daß du fällst oder von den Ereignissen überwunden wirst, wenn du auf ihn schaust. Sei nicht aus eigener Anstrengung stark, sondern dadurch, daß du in seiner Stärke bleibst.

Wenn du dich als Versager fühlst, weil du nicht lieben kannst, mache dir klar, daß der Heilige Geist dir alle Quellen seiner Liebe gegeben hat. Wenn du fühlst, wie wenig Kraft du hast, sei dir bewußt, daß seine allmächtige Kraft trotz deiner Schwäche fließt.

Zur Freiheit hat uns Christus befreit! So steht nun fest und laßt euch nicht wieder das Joch der Knechtschaft auflegen! *(Gal 5,1)* Steh fest gegen alle Kniffe des Feindes, der dich glauben machen will, daß du ein unfähiger Mensch bist.

Du bist Gottes Kind, von ihm geliebt und geschätzt. Er steht dir bei und stärkt dich in deiner Schwäche. Er spricht deine Schwachstellen an, um dich von ihnen zu befreien und dich zu lehren, daß er mehr als genug hat für alle deine Nöte. Er hat *dich* angenommen und liebt *dich*.

MEDITATION:

Ich bin mit dir ... ich stärke dich, ich helfe dir auch. *(Jes 41,10)*

Laß dir an meiner Gnade genügen; denn meine Kraft ist in den Schwachen mächtig. *(2.Kor 12,9)*

Was schwach ist vor der Welt, das hat Gott erwählt, damit er zuschanden mache, was stark ist. *(1.Kor 1,27)*

LOB:

Der Herr ist meine Macht und mein Psalm und ist mein Heil.

(Ps 118,14)

71. DANKEN OHNE UNTERLASS

Seid allezeit fröhlich, betet ohne Unterlaß, seid dankbar in allen Dingen; denn das ist der Wille Gottes in Christus Jesus an euch.

(1.Thess 5,16-18)

Vater, ich möchte in jeder Lage dankbar sein und so deinen Willen in meinem Leben erfüllen.

LESUNG: Psalm 30,12-13

Du hast mir meine Klage verwandelt in einen Reigen, du hast mir den Sack der Trauer ausgezogen und mich mit Freude gegürtet, daß ich dir lobsinge und nicht stille werde. Herr, mein Gott, ich will dir danken in Ewigkeit.

Eine der zerstörerischsten Haltung im Leben eines Christen ist Selbstmitleid. Wenn wir unsere Schwierigkeiten beispielsweise mit denen von Paulus vergleichen, haben wir kaum das Recht, von Problemen zu sprechen. Er war jedoch fröhlich, egal in welcher Lebenslage. Er schrieb den Philippern aus dem Gefängnis, daß sie sich immer im Herrn freuen sollen. Als Petrus ins Gefängnis geworfen wurde, sang er Lieder und lobte Gott, und die Tore sprangen auf! Lob läßt Gottes übernatürliche Kraft in die Situation fließen.

Unsere Herzen und unseren Verstand mit Freude und Danksagung auf den Herrn zu richten, ist kein Kinderspiel. Es ist nicht damit getan zu sagen: "Preis den Herrn trotz allem!" Wir müssen lernen, in jeder Situation dafür dankbar zu sein, daß der Herr bei uns ist, bereit zu helfen und zu ermutigen, zu vergeben und zu heilen, uns auszustatten und zu leiten.

Wenn du andere ermutigen willst, heißt das nicht, daß du ihnen einen freundschaftlichen Klaps geben sollst und sagen: Du hast doch so viel, wofür du dankbar sein kannst! So wahr das auch sein mag, wir müssen lernen, **uns mit den Fröhlichen zu freuen und mit den Weinenden zu weinen** *(Röm 12,15)*. Du kannst versuchen, dich feinfühlig mit einem Menschen, dem du helfen willst, zu identifizieren und ihn zu verstehen. Dann erst kannst du seine Aufmerksamkeit auf den Herrn lenken, auf seine Liebe und seine Voraussicht, indem du ihm zeigst, warum er dankbar sein kann:

Dankbar dafür, daß ...
... er bei uns ist.
... er uns nie im Stich läßt.

... er treu ist.
... er herrscht.
... er uns versteht, weil er selbst Mensch geworden ist.
... seine Liebe und Macht mehr als ausreichend für jede Situation sind.

Denke aber daran, welchen Schaden ein richtiges Wort im falschen Moment anrichten kann. Manchmal kannst du den Kummer eines anderen nicht verstehen, selbst wenn du ähnliches durchgemacht hast. Was zählt, ist deine Nähe und die Fähigkeit, einem Menschen Gottes Liebe zu zeigen, ihm seine Barmherzigkeit und Gnade deutlich zu machen. Erst dann kannst du anfangen, seinen Blick in die richtige Richtung zu lenken. Du kannst damit beginnen, dem Herrn liebevoll zu danken, auch in dieser schwierigen Situation. Oftmals war ich erstaunt darüber, welche Wirkung das Danken auf einen Menschen in tiefer Sorge hat. Wenn ich mit ihnen betete, habe ich angefangen, dem Herrn zu danken, und nicht lange darauf fing der oder die Bedürftige an, seine oder ihre Lage in einer völlig anderen Perspektive zu sehen.

Durch unsere Gefühle und Ängste nehmen wir die Welt um uns leicht verzerrt wahr. Deswegen brauchen wir einander, um uns auf Jesus zu konzentrieren. Meine Gemütszustände, meine Gefühle und die Situation mögen sich ändern, doch er bleibt immer derselbe. Er ist der Fels, auf den mein Leben gebaut ist. Wenn ich auf den Herrn traue, wird er mich durchbringen. Er verspricht: **Ich habe es getan; ich will heben und tragen und erretten** *(Jes 46,4).*

Wenn du nicht fähig bist, eine Situation durchzustehen, wird er dich tragen! Er weiß, wann du seine Unterstützung brauchst und wann du auf eigenen Füßen stehen kannst, ohne dich gleich nur auf dich selbst zu verlassen: Ich kann das alleine!

Wenn es dir manchmal schwer fällt zu beten, laß Gott allein preisen: die Gabe des Sprachengebets kann eine sehr große Hilfe sein. **Wer in Zungen redet, der erbaut sich selbst** *(1.Kor 14,4).* Der Geist in dir kann immer beten, er weiß genau, was er zu sagen hat! Der Geist hilft dir, wenn du in Sprachen betest. Nach und nach hebt sich deine Stimmung, und du bemerkst, daß Gott die Schwere durch Lob und Dank für ihn ersetzt hat. Er ist der Herr, der dein Klagen in Reigen verwandelt und dich mit Freude bekleidet.

Immer wieder wird dich der Geist ermutigen, dich im Herrn zu freuen und ihm zu danken. Höre nun, mache dein Herz und deinen Verstand bereit, diese Worte täglich zu leben.

MEDITATION:

Seid dankbar in allen Dingen. *(1.Thess 5,18)*

Ich habe es getan; ich will heben und tragen. *(Jes 46,4)*

Freuet euch in dem Herrn allewege, und abermals sage ich: Freuet euch! *(Phil 4,4)*

LOB:

Täglich rühmen wir uns Gottes und preisen deinen Namen ewiglich.
(Ps 44,9)

72. ICH BIN HEILIG

Denn in ihm hat er uns erwählt, ehe der Welt Grund gelegt war, daß wir heilig und untadelig vor ihm sein sollten.

(Eph 1,4)

Du allein, Herr, kannst mich heilig machen.

LESUNG: Offenbarung 4,8-11

Und eine jede der vier Gestalten hatte sechs Flügel, und sie waren außen und innen voller Augen, und sie hatten keine Ruhe Tag und Nacht und sprachen: Heilig, heilig, heilig ist Gott der Herr, der Allmächtige, der da war und der da ist und der da kommt. Und wenn die Gestalten Preis und Ehre und Dank gaben dem, der auf dem Thron saß, der da lebt von Ewigkeit zu Ewigkeit, fielen die vierundzwanzig Ältesten nieder vor dem, der auf dem Thron saß, und beteten den an, der da lebt von Ewigkeit zu Ewigkeit, und legten ihre Kronen nieder vor dem Thron und sprachen: Herr, unser Gott, du bist würdig, zu nehmen Preis und Ehre und Kraft; denn du hast alle Dinge geschaffen, und durch deinen Willen waren sie und wurden sie geschaffen.

Gottes ist heilig. Es ist unmöglich, exakt zu beschreiben, was das bedeutet, denn Gott läßt sich nicht beschreiben. Wir können sagen, daß er vollkommen und perfekt in sich selbst ist, doch es ist eine ziemlich unangemessene Beschreibung seiner Heiligkeit. Er steht über allem, was er geschaffen hat, und über allem, was wir erfassen können. **Ich bin der Herr, euer Heiliger** *(Jes 43,15).*

Was will ein heiliger Gott von uns, die wir doch offensichtlich unheilig sind? Uns heilig machen und darauf vorbereiten, mit ihm in seinem Reich zu leben.

Die himmlischen Heerscharen sind heilig, doch auch sie, die Ältesten und die Engel, die Gottes Thron umgeben, beugen sich vor ihm und singen Tag und Nacht eine Hymne seiner Heiligkeit. Die Heiligkeit Gottes ist um vieles größer als die Heiligkeit irgendeines seiner Geschöpfe im Himmel oder auf Erden.

Jesus kam, um dich heilig zu machen, bereit, vor seinen heiligen Thron mit Lobpreis und Gebet zu treten. Du darfst darauf vertrauen, **durch das Blut Jesu die Freiheit zu haben zum Eingang in das Heiligtum** *(Heb 10,19).*

Paulus sagt: **Denn das ist der Wille Gottes, eure Heiligung** *(1.Thess 4,3).*

Allein das Wort Heiligkeit läßt vielen Christen einen Schauer über den

Rücken laufen. Sie denken sofort an die Gesetzlichkeit in Gruppen, wo wenig Freude und Kraft zu spüren sind. Oder sie meinen, Heiligkeit sei etwas Außergewöhnliches, für große 'Heilige' reserviert. Nach dem Neuen Testament jedoch ist jeder Christ heilig, jeder, der von Gott erwählt und berufen ist. Du bist kein Christ, wenn du nicht heilig bist! Das ist das Geheimnis des Lebens in Heiligkeit. Sie ist kein Ziel, was man unweigerlich verfehlt. Sie ist die grundlegende Eigenschaft von Gottes Geist, der in dir lebt. Er ist der *Heilige* Geist. Ein heiliges Leben zu führen, heißt, der Führung des Heiligen Geistes zu folgen und Gott zu gehorchen. Er wird dich nie in Unheiligkeit führen oder in etwas, das Gott für Unrecht erachtet.

Der Heilige Geist bewirkt noch mehr als dir zu zeigen, was du tun sollst; er macht dich dazu fähig! Er ist der Geist der Heiligkeit, die in deinem Leben zum Ausdruck kommen soll.

Jesus lebte ein heiliges Leben auf Erden. Heilig zu sein, heißt also, wie er zu sein. Du brauchst eine positive Einstellung gegenüber Heiligkeit, und du mußt erkennen, daß es für dich möglich ist, in Heiligkeit zu leben, weil du die Gegenwart, das Leben und die Kraft des Heiligen Geistes in dir hast. Heilig zu sein, bedeutet, voller Liebe, Freude und Frieden, voller Kraft und Vergebung, voll Frucht des Heiligen Geistes zu sein.

Die Worte dieser Meditation sind nicht nur Gebote, sondern auch Verheißungen. Oft wirst du daran scheitern, wie Jesus zu leben, doch er arbeitet an dir und ändert dich, damit du ihm ähnlicher wirst von einer Herrlichkeit zur nächsten. Laß den Mut nicht sinken. Der Herr wird sein Werk vollenden, das er in dir begonnen hat. **Er aber, der Gott des Friedens, heilige euch durch und durch und bewahre euren Geist samt Seele und Leib unversehrt, untadelig für die Ankunft unseres Herrn Jesus Christus. Treu ist er, der euch ruft; er wird's auch tun** *(1.Thess 5,23-24).*

Vor allem vergiß nicht Gottes Wort: Du bist in Christus heilig und erlöst *(1.Kor 1,30).* Der Herr sieht dies als vollendete Tatsache. Du bist nicht heilig durch dein Leben, sondern durch dein Sein in Christus. Seine Heiligkeit wurde deine Heiligkeit. Du bist damit vom Vater angenommen. Du lebst in dem Heiligen, und er lebt in dir!

MEDITATION:

Ihr sollt heilig sein, denn ich bin heilig, der Herr, euer Gott.
(3. Mose 19,2)

Denn das ist der Wille Gottes, eure Heiligung. *(1. Thess 4,3)*

... an die Geheiligten in Christus Jesus, die berufenen Heiligen.
(1. Kor 1,2)

LOB:

Gott, dein Weg ist heilig. Wo ist ein so mächtiger Gott, wie du, Gott, bist? *(Ps 77,14)*

73. ICH HABE WEISHEIT

Ich will dich den Weg der Weisheit führen; ich will dich auf rechter Bahn leiten. *(Spr 4,11)*

Vater, ich bitte um Weisheit und glaube daran, daß du sie mir durch deinen Geist geben wirst.

LESUNG: 1. Korinther 1,25-31

Denn die Torheit Gottes ist weiser, als die Menschen sind, und die Schwachheit Gottes ist stärker, als die Menschen sind. Seht doch, liebe Brüder, auf eure Berufung. Nicht viele Weise nach dem Fleisch, nicht viele Mächtige, nicht viele Angesehene sind berufen. Sondern was töricht ist vor der Welt, das hat Gott erwählt, damit er die Weisen zuschanden mache; und was schwach ist vor der Welt, das hat Gott erwählt, damit er zuschanden mache, was stark ist; und das Geringe vor der Welt und das Verachtete hat Gott erwählt, das, was nichts ist, damit er zunichte mache, was etwas ist, damit sich kein Mensch vor Gott rühme. Durch ihn aber seid ihr in Christus Jesus, der uns von Gott gemacht ist zur Weisheit und zur Gerechtigkeit und zur Heiligung und zur Erlösung damit, wie geschrieben steht: "Wer sich rühme, der rühme sich des Herrn!"

Der Herr ist weise. Sogar größte menschliche Weisheit ist aus Gottes Sicht nur Torheit. **Denn meine Gedanken sind nicht eure Gedanken, und eure Wege sind nicht meine Wege, spricht der Herr, sondern so viel der Himmel höher ist als die Erde, so sind auch meine Wege höher als eure Wege und meine Gedanken als eure Gedanken** *(Jes 55,8-9)*.

Intellektueller Stolz ist eine der größten Sünden der modernen Gesellschaft, da er viele vom Glauben und der Heilung, die Gott geben will, abhält. Diejenigen, die Gott richten, bilden sich ein, größer und weiser zu sein als er. Diejenigen, die sich vor ihm demütigen, lernen ihn nicht nur kennen, sondern erweitern auch ihr eigenes Denken durch Gottes übernatürliches Denken.

Wenn du die Worte des Herrn annimmst und in deinem Herzen bewahrst, **so daß dein Ohr auf Weisheit achthat und du dein Herz der Einsicht zuneigst, ja, wenn du nach Vernunft rufst und deine Stimme nach Einsicht erhebst, wenn du sie suchst wie Silber und nach ihr forschest wie nach Schätzen: dann wirst du die Furcht des Herrn verstehen und die Erkenntnis Gottes finden. Denn der Herr gibt Weisheit, und aus seinem Munde kommt Erkenntnis und Einsicht** *(Spr 2,2-6)*.

Allein die Weisheit Gottes ist wahre Weisheit. Weise zu sein aus der Sicht der Welt, ist Torheit vor Gott. Er will dir seine Weisheit jederzeit geben, wenn du erkennst, daß du ihrer bedarfst. Jakobus sagt, **wenn es aber jemandem unter euch an Weisheit mangelt, so bitte er Gott, der jedermann gern gibt und niemanden schilt; so wird sie ihm gegeben werden** *(Jak 1,5)*. Derjenige, der bittet, muß jedoch glauben und darf nicht zweifeln. Später beschreibt Jakobus die Eigenschaften dieser Weisheit. **Die Weisheit aber von oben her ist zuerst lauter, dann friedfertig, gütig, läßt sich etwas sagen, ist reich an Barmherzigkeit und guten Früchten, unparteiisch, ohne Heuchelei** *(Jak 3,17)*.

Der Heilige Geist ist der Geist der Weisheit, durch den uns Gott seine Weisheit mitteilt. Wer seinen Verstand der Wahrheit Gottes entgegensetzt, beweist damit seine Torheit. Wer ist weiser als Gott? Wer hat eine größere Erkenntnis als sein Sohn?

Oft wählt Gott die, die im weltlichen Sinne wenig klug erscheinen, um durch sie mit seiner Macht zu wirken. Dann ist es offensichtlich, daß es sich nicht um menschliches Wirken handelt, sondern um Gott, der durch die Menschen wirkt.

Jesus ist menschgewordene Weisheit, Gottes Weisheit. Gottes Weisheit zeigt sich in seinem Leben und Wirken, und der Heilige Geist will dieselben Eigenschaften in uns hervorrufen. Jakobus beschreibt sie als lauter, friedfertig, gütig, offen für andere, barmherzig, gläubig, unparteiisch und ohne Heuchelei. Es ist weise, lauter (d.h. rein) zu leben; Unreinheit führt zu Schuldgefühlen und Scham und macht es unmöglich, mit Vertrauen zu Gott zu kommen. Es ist weise, friedfertig zu sein statt reizbar und mürrisch. Es ist weise zu lieben, denn nur dann kannst du Gottes Liebe widerspiegeln und das erhalten, was er dir geben will. Es ist weise, sich von anderen etwas sagen zu lassen. Es ist weise, gütig und demütig zu sein, denn Gott ist nicht mit den Stolzen, sondern mit den Demütigen. Es ist weise, barmherzig zu sein, denn dann wirst du Barmherzigkeit empfangen, die Barmherzigkeit Gottes, die er dir jeden Morgen neu schenkt.

Es ist weise, treu zu sein, dann kannst du die Verheißungen Gottes empfangen und wissen, daß er treu zu dir steht. Es ist weise, unparteiisch zu sein und zu versuchen, mit allen Menschen in Frieden zu leben. Es ist weise, ehrlich zu sein, denn Gott haßt Hochmut und Heuchelei, denn er ist die Wahrheit.

Dies sind konkrete Auswirkungen von Gottes Heiligkeit und Gerechtigkeit in deinem Leben. Jesus ist uns von Gott gemacht zur Weisheit, zur Gerechtigkeit, zur Heiligung und zur Erlösung, sagt Paulus. Wir können nichts von bleibendem Wert aus uns selbst schaffen. Wir sind völlig davon abhängig, daß der Herr in uns und durch uns wirkt.

Ich bin der Herr, dein Gott, der dich lehrt, was dir hilft, und dich leitet auf dem Wege, den du gehst. O, daß du auf meine Gebote gemerkt hättest, so würde dein Friede sein wie ein Wasserstrom und deine Ge-

rechtigkeit wie Meereswellen *(Jes 48,17-18)*.
Gottes Weisheit bringt gute Weisungen und Einsichten sowie Verstehen und Kraft in dein tägliches Leben. Wenn du nicht mehr weiter weißt, ist der Heilige Geist da, um dir Worte der Weisheit zu sagen. Wenn du um Weisheit bittest, gibt Gott sie dir gern. Er möchte, daß du die Dinge aus seiner Sicht verstehst, so daß du die Entscheidungen triffst, die ihm gefallen.
Manchmal wählen wir die Sünde. Doch Gott in seiner Geduld bringt uns zu der Erkenntnis, daß es immer klüger ist, auf seinen Wegen zu gehen und die Reichtümer zu empfangen, die aus seiner Weisheit erwachsen.

MEDITATION:

Mein ist beides, Rat und Tat, ich habe Verstand und Macht. *(Spr 8,14)*

Ich bin der Herr, dein Gott, der dich lehrt, was dir hilft. *(Jes 48,17)*

Denn der Herr gibt Weisheit, und aus seinem Munde kommt Erkenntnis und Einsicht. *(Spr 2,6)*

LOB:

Ich lobe den Herrn, der mich beraten hat. *(Ps 16,7)*

74. LEBEN WIE JESUS

Wer sagt, daß er in ihm bleibt, der soll auch leben, wie er gelebt hat.
(1.Joh 2,6)

Heiliger Geist, bitte hilf mir so zu leben wie Jesus.

LESUNG: 1. Petrus 1,13-23

**Darum umgürtet die Lenden eures Gemüts, seid nüchtern und setzt eure Hoffnung ganz auf die Gnade, die euch angeboten wird in der Offenbarung Jesu Christi. Als gehorsame Kinder gebt euch nicht den Begierden hin, denen ihr früher in der Zeit eurer Unwissenheit dientet; sondern wie der, der euch berufen hat, heilig ist, sollt auch ihr heilig sein in eurem ganzen Wandel. Denn es steht geschrieben: "Ihr sollt heilig sein, denn ich bin heilig."
Und da ihr den als Vater anruft, der ohne Ansehen der Person einen jeden richtet nach seinem Werk, so führt euer Leben, solange ihr hier in der Fremde weilt, in Gottesfurcht; denn ihr wißt, daß ihr nicht mit vergänglichem Silber und Gold erlöst seid von eurem nichtigen Wandel nach der Väter Weise, sondern mit dem teuren Blut Christi als eines unschuldigen und unbefleckten Lammes. Er ist zwar zuvor ausersehen, ehe der Welt Grund gelegt wurde, aber offenbart am Ende der Zeiten um euretwillen, die ihr durch ihn glaubt an Gott, der ihn auferweckt hat von den Toten und ihm die Herrlichkeit gegeben, damit ihr Glauben und Hoffnung zu Gott habt.
Habt ihr eure Seelen gereinigt im Gehorsam der Wahrheit zu ungefärbter Bruderliebe, so habt euch untereinander beständig lieb aus reinem Herzen. Denn ihr seid wiedergeboren nicht aus vergänglichem, sondern aus unvergänglichem Samen, nämlich aus dem lebendigen Wort Gottes, das da bleibt.**

Jesus wurde genau wie wir versucht, doch er sündigte nie. Paulus sagt uns: **Bisher hat euch nur menschliche Versuchung getroffen. Aber Gott ist treu, der euch nicht versuchen läßt über eure Kraft, sondern macht, daß die Versuchung so ein Ende nimmt, daß ihr's ertragen könnt** *(1.Kor 10,13)*.
Der Heilige Geist, der in uns wirkt, ermutigt uns, der Versuchung zu widerstehen. Es liegt keine Sünde darin, versucht zu werden, sondern nur darin, der Versuchung nachzugeben. Johannes sagt, wir sollen so leben wie Jesus. Auf den ersten Blick sieht das aus wie ein unerreichbares Ideal, denn

wir wissen ja um Jesu sündlose Natur. Zugleich ist uns unsere Neigung bewußt, Versuchungen nachzugeben, und so fangen wir erst gar nicht damit an, wie Jesus zu leben.

Der Heilige Geist hilft dir, das zu tun, was Jesus an deiner Stelle getan hätte. Du brauchst keine Angst vor Heiligkeit zu haben. Es ist Gott, der sein Leben durch dein unvollkommenes Leben ausdrückt. Sei dankbar, in welcher Weise es jetzt schon geschieht. Wenn du bemerkst, daß es in deinem Leben Dinge gibt, die seinen Zielen entgegenstehen, bitte den Herrn um Vergebung und den Heiligen Geist, dir zu helfen.

Es gibt eine falsche Furcht vor Gott, wenn wir soviel Ehrfurcht vor ihm haben, daß wir auf gar keinen Fall ungehorsam sein wollen und lieber nichts tun als etwas Falsches. Petrus sagt, daß du dich reinigst, indem du der Wahrheit gehorchst. Wir haben Frieden mit Gott, wenn wir die Gewißheit haben, daß unsere Herzen vor ihm gereinigt sind und nur das wünschen, was er will. **Wer darf auf des Herrn Berg gehen, und wer darf stehen an seiner heiligen Stätte? Wer unschuldige Hände hat und reinen Herzens ist** *(Ps 24,3-4)*.

Solch ein reines Herz zeigt sich in wahrer, selbstloser Liebe zu den Brüdern - einer tiefen Liebe, die von Herzen kommt. Jede Handlung Jesu war von einer solchen Liebe bestimmt, zunächst zu seinem Vater, und dann zu denen, denen er diente.

Gott läutert dein Herz immer mehr, indem er dir versteckte Fehler zeigt. Verliere dann nicht den Mut, es ist seine Art, dir seine Liebe zu zeigen. Petrus sagt später: **Liebe Brüder, ich ermahne euch als Fremdlinge und Pilger: Enthaltet euch von fleischlichen Begierden, die gegen die Seele streiten, und führt ein rechtschaffenes Leben unter den Heiden, damit die, die euch verleumden als Übeltäter, eure guten Werke sehen und Gott preisen am Tag der Heimsuchung** *(1.Petr 2,11-12)*.

Wenn du damit einverstanden bist zu tun, was Jesus tun würde, verherrlichst du den Vater. Wenn du entscheidest, irgendetwas zu tun, was er nicht tun würde, wird dies sowohl ihm als auch dir Kummer bereiten. Es liegt Frieden darin, so zu leben wie Jesus. Unfrieden und Leid, wenn du dich dafür entscheidest, deinen eigenen Weg zu gehen. **Er hat unsre Sünde selbst hinaufgetragen an seinem Leibe auf das Holz, damit wir, der Sünde abgestorben, der Gerechtigkeit leben** *(1.Petr 2,24)*.

Gott hat immer das Beste mit dir vor. Er weiß, daß es gut für dich ist, in Gerechtigkeit und Wahrheit zu leben, Versuchungen zu überwinden und seine Liebe auszudrücken. **Endlich aber seid allesamt gleichgesinnt, mitleidig, brüderlich, barmherzig, demütig. Vergeltet nicht Böses mit Bösem oder Scheltwort mit Scheltwort, sondern segnet vielmehr, weil ihr dazu berufen seid, daß ihr den Segen ererbt** *(1.Petr 3,8-9)*.

MEDITATION:

Wer sagt, daß er in ihm bleibt, der soll auch leben, wie er gelebt hat.
(1.Joh 2,6)

Denn in ihm hat er uns erwählt..., daß wir heilig und untadelig vor ihm sein sollten.
(Eph 1,4)

[Er hat uns gezüchtigt] zu unserm Besten, damit wir an seiner Heiligkeit Anteil erlangen.
(Heb 12,10)

LOB:

Herr, zeige mir deine Wege und lehre mich deine Steige!
(Ps 25,4)

75. DIE OFFENE TÜR

Siehe, ich habe vor dir eine Tür aufgetan, und niemand kann sie zuschließen. *(Off 3,8)*

Herr, bitte ziehe mich in deine heilige Gegenwart.

LESUNG: Offenbarung 4,1-2

Danach sah ich, und siehe, eine Tür war aufgetan im Himmel, und die erste Stimme, die ich mit mir hatte reden hören wie eine Posaune, die sprach: Steig herauf, ich will dir zeigen, was nach diesem geschehen soll. Alsbald wurde ich vom Geist ergriffen. Und siehe, ein Thron stand im Himmel, und auf dem Thron saß einer.

Gott ist heilig. Der Himmel ist der Sitz seiner heiligen Gegenwart. Die Hymne der himmlischen Heerscharen, die sie Tag und Nacht singen, lautet: **Heilig, heilig, heilig ist Gott der Herr, der Allmächtige, der da war, der da ist und der da kommt** *(Off 4,8).*
An diesem heiligen Ort will Gott auch dich empfangen. Jesus hat einen Platz für dich bereitet. Heute und alle Tage. Er ruft dich in die Reihe der Heiligen, um mit ihm Gemeinschaft zu haben.
Es scheint unerklärlich, daß der heilige Gott Gefallen daran findet, mit uns Gemeinschaft zu haben. Es ist die überwältigende Offenbarung seiner Liebe, daß er seinen Sohn gesandt hat, um Leid und Tod zu ertragen und uns das zu ermöglichen.
Wie sehr muß es Gott bekümmern, wenn wir aus der Ferne zu ihm beten, ohne ihm näherzukommen. Er hat eine Tür vor dir aufgetan. Da er sie geöffnet hat, kann niemand sie schließen. Es ist die Tür zu seiner Herrlichkeit, und er ermutigt dich, hindurchzugehen.
Es ist nicht erstaunlich, daß du zuerst zögerst. Es scheint so unbegreiflich, daß wir soviel wert sein sollen, daß wir durch diese Tür in die heilige Gegenwart Gottes schreiten und uns an seiner Herrlichkeit freuen dürfen. Aus dir selbst kannst du nie so wertvoll sein. Doch Jesus hat dich wertvoll gemacht. Wenn du von deinen Sünden gereinigt bist, bist du in Gottes Augen gerecht, und du lebst in Christus Jesus. Du bist in ihm und gehörst zu seiner Herrlichkeit. **Und er hat uns mit auferweckt und mit eingesetzt im Himmel in Christus Jesus** *(Eph 2,6).*
Das ganze Geheimnis liegt darin, daß du die Gewißheit haben mußt, durch diese offene Tür gehen zu können. Viele Christen beten zu Gott, ohne sich jemals über dieses Vorrecht im klaren zu sein.

Stell dir vor, du bist in einem großen Raum. An der einen Wand gibt es eine weitoffene Tür. Durch die Öffnung fallen Strahlen hellen Lichts in das Zimmer. Du bist im Vorraum der Herrlichkeit. Höre den Herrn, wie er zu dir dasselbe sagt, wie zu Johannes: **Steig herauf, ich will dir zeigen, was nach diesem geschehen soll** *(Off 4,1)*.

Vielleicht hast du schon oft den Herrn gebeten, zu dir zu kommen, jetzt lädt er dich ein, zu ihm zu kommen. Eine solche Einladung kann man schlecht ausschlagen. Warum zögerst du? Ist es, weil du in deinem Leben Dinge entdeckst, die nicht heilig sind und die nicht in die Herrlichkeit gehören? Schämst du dich, so vor Gottes Thron zu treten?

Dann laß in dem Vorraum all die Dinge zurück, die nicht in die Herrlichkeit Gottes gehören. Nimm dir Zeit, **alles abzulegen, was dich beschwert, und die Sünde, die dich beständig umstrickt** *(Heb 12,1)*. Bitte Jesus, dir die Sünden zu vergeben; all das, dessen du dich schämst, alles, was dich von ihm trennt und seine Herrlichkeit nicht widerspiegelt.

Lege die Lasten ab, die dir Angst und Furcht einflößen. Vergib jedem, der dich jemals verletzt hat. Enthalte dem Herrn nichts vor, denn er sieht alles. Sei demütig und ehrlich ihm gegenüber.

Jesus sagt zu dir: **Deine Sünden sind dir vergeben** *(Mk 2,5)*. Er hat dich von allem befreit, was dich abhalten könnte, durch die offene Tür zu gehen.

Benutze zur Erleichterung deine Phantasie. Sieh dich auf die Tür zugehen. Die Strahlen von Gottes Herrlichkeit fallen auf dich, und du hörst seine Stimme: "Komm herein!" Er wartet auf dich; bereit, dich zu empfangen.

Du gehst durch die Tür. Vor dir steht ein hoher Thron und der König der Herrlichkeit sitzt darauf. Er ist umgeben von seinen himmlischen Heerscharen, die sich vor ihm zum Lobpreis beugen. Geh zu ihnen, preise den Herrn von ganzem Herzen.

Sieh, daß er seine Hand in Liebe nach dir ausstreckt. Sieh dir die Nägelmale an, den Preis dafür, daß du jetzt an diesem heiligen Ort sein darfst. Hör seine versichernden Worte, er liebt dich, nimmt dich an, will, daß du ewig mit ihm lebst.

Vielleicht siehst du, daß er dich in den Arm nimmt. Vielleicht hörst du seine Worte in deinem Herzen, Worte der Ermutigung oder Ermahnung, wenn er dir seine Ziele offenbart. Vielleicht hörst du ihn fragen, was du möchtest, daß er tun soll. Antworte ihm im Vertrauen, das aus der Gewißheit erwächst, daß du Zugang zu seinem Thron hast. Er gibt dir vielleicht einen Auftrag, den du in seinem Namen ausführen sollst.

Jedesmal, wenn ich durch diese Tür schreite, erlebe ich es anders. Du suchst jedoch keine Erlebnisse, sondern willst dem Herrn, deinem Gott und Vater, näherkommen.

MEDITATION:

Steig herauf, ich will dir zeigen, was nach diesem geschehen soll.
(Off 4,1)

Siehe, ich habe vor dir eine Tür aufgetan, und niemand kann sie zuschließen.
(Off 3,8)

Heilig, heilig, heilig ist Gott der Herr, der Allmächtige, der da war, der da ist und der da kommt.
(Off 4,8)

LOB:

Heilig, heilig, heilig ist der Herr Zebaoth, alle Lande sind seiner Ehre voll!
(Jes 6,3)

76. VERTRAUEN ZU GOTT

Wahrlich, wahrlich, ich sage euch: Wer mein Wort hört und glaubt dem, der mich gesandt hat, der hat das ewige Leben und kommt nicht in das Gericht, sondern er ist vom Tode zum Leben hindurchgedrungen.
(Joh 5,24)

Herr Jesus, ich möchte allezeit das Vertrauen haben, daß du mich hörst und mir antwortest, wenn ich bete.

LESUNG: 1. Johannes 3,21-24

Ihr Lieben, wenn uns unser Herz nicht verdammt, so haben wir Zuversicht zu Gott, und was wir bitten, werden wir von ihm empfangen; denn wir halten seine Gebote und tun, was vor ihm wohlgefällig ist. Und das ist sein Gebot, daß wir glauben an den Namen seines Sohnes Jesus Christus und lieben uns untereinander, wie er uns das Gebot gegeben hat. Und wer seine Gebote hält, der bleibt in Gott und Gott in ihm. Und daran erkennen wir, daß er in uns bleibt: an dem Geist, den er uns gegeben hat.

Wir können Vertrauen zu Gott haben, **wir haben durch das Blut Jesu die Freiheit zum Eingang in das Heiligtum, den er uns aufgetan hat als neuen und lebendigen Weg durch den Vorhang, das ist: durch das Opfer seines Leibes** *(Heb 10,19-20)*.

Jesu Blut hat dich von aller Verdammnis befreit und dir den Weg geöffnet zu Gottes heiliger Gegenwart. Du kannst vor seinem Thron stehen, mit der Gerechtigkeit Jesu angetan, und wissen, daß der Vater dich liebt, dich annimmt und deinen Nöten begegnen will.

Jesus gab Johannes wunderbare Verheißungen. Ungefähr fünfzig Jahre später schrieb er den ersten Brief. In dieser Zeit hatte er reichlich Gelegenheit zu sehen, wie sich die Verheißungen erfüllten. Er entdeckte, daß sie unter den Voraussetzungen wahr wurden, die Jesus genannt hatte. **Wenn ihr in mir bleibt und meine Worte in euch bleiben, werdet ihr bitten, was ihr wollt, und es wird euch widerfahren** *(Joh 15,7)*.

Wenn du in Jesus lebst und dich von seinen Worten prägen läßt, wird dich dein Herz nicht verdammen, und du wirst mit Zuversicht beten. Du mußt nicht erst einen gewissen Grad der Heiligkeit erreichen, bevor Gott dich erhört. Er hört den Schrei des Herzens eines jeden seiner Kinder, das im Gehorsam gegenüber seinem Wort lebt.

Johannes entdeckte, daß wir alles erhalten, worum wir bitten, weil:
1. unser Herz uns nicht verdammt;
2. wir dem Herrn gehorchen;
3. wir tun, was ihm gefällt - ihm unser Herz und unser Leben geben, damit er seinen Weg mit uns geht.

Im Namen Jesu zu beten, heißt, so zu beten, wie er es tun würde, die Situation aus seinem Blickwinkel zu beurteilen und zu glauben, daß Gott das Problem lösen wird. Wir können uns nicht vorstellen, daß Jesus ohne diesen Glauben betete. **Es ist aber der Glaube eine feste Zuversicht auf das, was man hofft, und ein Nichtzweifeln an dem, was man nicht sieht** *(Heb 11,1)*.
Wenn wir versuchen, dem Herrn zu gefallen, indem wir im Glauben an ihn leben, wird unser Herz uns nicht verdammen. Wir werden nicht immer alles richtig machen, doch wenn wir versagen und sündigen, kehren wir um zu der Gnade und Barmherzigkeit Gottes und empfangen Vergebung - wir lassen nicht zu, uns vom Feind, von anderen oder von unserem Gewissen verurteilt zu fühlen. Wir haben Vertrauen zu Gott, weil wir ihn und seine vollkommene Liebe kennen, für die nichts unmöglich ist. Es ist wichtig, daß du mit Gott und anderen Menschen im reinen bist, damit nichts deine Zuversicht auf ihn zerstören kann.
Begib dich in seine heilige Gegenwart, wann immer du betest. Sieh dich vor seinem Thron. Dort gehörst du hin. Es ist der Platz, den er für dich bereitet hat. Du brauchst nicht abseits zu stehen. Da du in Christus bist, kannst du mit wahrhaftigem Herzen in vollkommenem Glauben hinzutreten *(Heb 10,22)*. **Und das ist die Zuversicht, die wir haben zu Gott: Wenn wir um etwas bitten nach seinem Willen, so hört er uns. Und wenn wir wissen, daß er uns hört, worum wir auch bitten, so wissen wir, daß wir erhalten, was wir von ihm erbeten haben** *(1.Joh 5,14-15)*.

MEDITATION:

Wir haben Zuversicht zu Gott, und was wir bitten, werden wir von ihm empfangen. *(1.Joh 3,21-22)*

Wenn wir um etwas bitten nach seinem Willen, so hört er uns.
(1.Joh 5,14)

Solches Vertrauen aber haben wir durch Christus zu Gott. *(2.Kor 3,4)*

LOB:

Hebet eure Hände auf im Heiligtum und lobet den Herrn! *(Ps 134,2)*

77. DIE HERRLICHKEIT DES HERRN

Denen wollte Gott kundtun, was der herrliche Reichtum dieses Geheimnisses unter den Heiden ist, nämlich Christus in euch, die Hoffnung der Herrlichkeit. *(Kol 1,27)*

Herr, bitte mach mich zu einem Bild deiner Herrlichkeit.

LESUNG: Offenbarung 22,1-5

Und er zeigte mir einen Strom lebendigen Wassers, klar wie Kristall, der ausgeht von dem Thron Gottes und des Lammes; mitten auf dem Platz und auf beiden Seiten des Stromes Bäume des Lebens, die tragen zwölfmal Früchte, jeden Monat bringen sie ihre Frucht, und die Blätter der Bäume dienen zur Heilung der Völker. Und es wird nichts Verfluchtes mehr sein. Und der Thron Gottes und des Lammes wird in der Stadt sein, und seine Knechte werden ihm dienen und sein Angesicht sehen, und sein Name wird an ihren Stirnen sein. Und es wird keine Nacht mehr sein, und sie bedürfen keiner Leuchte und nicht des Lichts der Sonne; denn Gott der Herr wird sie erleuchten, und sie werden regieren von Ewigkeit zu Ewigkeit.

Welche Absicht hat Gott mit dir? Seine Herrlichkeit zu erkennen. Alle haben gesündigt und die Herrlichkeit verloren oder mißbraucht, die Gott für sie vorgesehen hatte. Das ist die verheerende Folge der Sünde, sie beraubt uns Menschen der Herrlichkeit, für die wir geschaffen wurden.

Gelobt sei Gott! Er hat einen Erlöser für uns ausersehen - wir können von unserer Sünde gereinigt werden und die Offenbarung von Gottes Herrlichkeit empfangen. **Nun aber schauen wir alle mit aufgedecktem Angesicht die Herrlichkeit des Herrn wie in einem Spiegel, und wir werden verklärt in sein Bild von einer Herrlichkeit zur andern von dem Herrn, der der Geist ist** *(2.Kor 3,18)*. Jesus hat den Schleier gehoben, der die Menschen von Gott trennte, und du kannst jetzt seine Herrlichkeit erkennen. Noch erstaunlicher ist, daß Gott in seinem Wort sagt, daß du seine Herrlichkeit widerspiegelst. Wie kann das sein?

Jesus betete, daß sein Vater ihn verherrlichen würde, als er gehorsam ans Kreuz ging. Unsere Herrlichkeit ist die anderen Seite des Kreuzes. Wenn wir durch sein Blut gereinigt sind, können wir die Offenbarung seiner Herrlichkeit empfangen. Jesus betete: **Ich habe ihnen die Herrlichkeit gegeben, die du mir gegeben hast, damit sie eins seien, wie wir eins sind** *(Joh 17,22)*.

Jesus offenbarte die Herrlichkeit Gottes durch das, was er tat. **Ich habe** dich verherrlicht auf Erden und das Werk vollendet, das du mir gegeben hast, damit ich es tue. Und nun, Vater, verherrliche du mich bei dir mit der Herrlichkeit, die ich bei dir hatte, ehe die Welt war *(Joh 17,4-5)*. Als Gottes Kinder sollen wir seine Herrlichkeit durch die Werke, die er durch uns vollendet, zeigen. Gott wird immer verherrlicht, wenn ein Sünder zu ihm in Reue umkehrt und Heilung empfängt, immer, wenn jemand mit dem Heiligen Geist getauft oder geheilt wird. Er liebt es, seine Kinder zu beschenken, und es macht ihn glücklich, sein Leben durch sie ausgedrückt zu sehen.

Wir verherrlichen den Herrn in unserem Leben, wenn wir im Glauben leben und auf seine Worte und Verheißungen trauen. Wir verherrlichen ihn durch ein Leben voll gläubigen Gehorsams, bereit, uns selbst zu verleugnen, um ihm zu folgen. Wir verherrlichen ihn, wenn wir es zulassen, daß seine Liebe durch uns zu anderen fließt ... **euer Leben würdig des Gottes zu führen, der euch berufen hat zu seinem Reich und zu seiner Herrlichkeit** *(1. Thess 2,12)*.

Wenn du betest, möchte er dir seine himmlische Herrlichkeit offenbaren und dir einen Vorgeschmack auf die unbeschreibliche Freude geben, die auf dich wartet. Solche Augenblicke sind ein großer Segen, du fühlst die Befreiung in deinem Herzen und willst ihm deine Bewunderung, Liebe und dein Lob darbringen.

Der Heilige Geist führt dich zu einer noch größeren Offenbarung der Herrlichkeit Gottes, zu der Erfüllung seines Zieles. Wenn du ihm von Angesicht zu Angesicht gegenüberstehst, wirst du sein wie er, leuchtend in seiner Herrlichkeit. **Er hat euch auch berufen durch unser Evangelium, damit ihr die Herrlichkeit unseres Herrn Jesus Christus erlangt** *(2. Thess 2,14)*.

Du bist ein Miterbe mit Christus. Das bedeutet, daß du an seinem Erbe teilhast. Momentan bist du Teil seines Reiches in der Welt, du bist ein Zeuge des Glaubens gegenüber Verständnislosigkeit und Opposition, und so wirst du auch seine künftige Herrlichkeit teilen.

Der Herr sieht dies als vollendet an: **Die er aber vorherbestimmt hat, die hat er auch berufen; die er aber berufen hat, die hat er auch gerecht gemacht; die er aber gerecht gemacht hat, die hat er auch verherrlicht** *(Röm 8,30)*. Er sieht den Prozeß vom Anfang bis zum Ende. Was er in dir begonnen hat, wird er zur Vollendung bringen, denn er sieht es schon als vollendet an. Das Werk ist in Jesus getan. **Jesus spricht zu ihr: Habe ich dir nicht gesagt: Wenn du glaubst, wirst du die Herrlichkeit Gottes sehen?** *(Joh 11,40)*

Das war Jesu Gebet für dich und für alle, die an ihn glauben: **Vater, ich will, daß, wo ich bin, auch die bei mir seien, die du mir gegeben hast, damit sie meine Herrlichkeit sehen, die du mir gegeben hast; denn du hast mich geliebt, ehe der Grund der Welt gelegt war** *(Joh 17,24)*.

MEDITATION:

Und ich habe ihnen die Herrlichkeit gegeben, die du mir gegeben hast, damit sie eins seien, wie wir eins sind. *(Joh 17,22)*

Ich gehe hin, euch die Stätte zu bereiten. *(Joh 14,2)*

Ich will wiederkommen und euch zu mir nehmen, damit ihr seid, wo ich bin. *(Joh 14,3)*

LOB:

Bringet dar dem Herrn die Ehre seines Namens! *(Ps 29,2)*

78. VORWÄRTS!

Darum auch wir: Weil wir eine solche Wolke von Zeugen um uns haben, laßt uns ablegen alles, was uns beschwert, und die Sünde, die uns ständig umstrickt, und laßt uns laufen mit Geduld in dem Kampf, der uns bestimmt ist, und aufsehen zu Jesus, dem Anfänger und Vollender des Glaubens. *(Heb 12,1-2)*

Lieber Vater, bitte schenke mir deine Gnade, um bis zum Ende im Glauben zu bleiben.

LESUNG: Philipper 3,7-14

Aber was mir Gewinn war, das habe ich um Christi willen für Schaden erachtet. Ja, ich erachte es noch alles für Schaden gegenüber der überschwenglichen Erkenntnis Christi Jesu, meines Herrn. Um seinetwillen ist mir das alles ein Schaden geworden, und ich erachte es für Dreck, damit ich Christus gewinne und in ihm gefunden werde, daß ich nicht habe meine Gerechtigkeit, die aus dem Gesetz kommt, sondern die durch den Glauben an Christus kommt, nämlich die Gerechtigkeit, die von Gott dem Glauben zugerechnet wird. Ihn möchte ich erkennen und die Kraft seiner Auferstehung und die Gemeinschaft seiner Leiden und so seinem Tode gleichgestaltet werden, damit ich gelange zur Auferstehung von den Toten.
Nicht, daß ich's schon ergriffen habe oder schon vollkommen sei; ich jage ihm aber nach, ob ich's wohl ergreifen könnte, weil ich von Christus Jesus ergriffen bin. Meine Brüder, ich schätze mich selbst noch nicht so ein, daß ich's ergriffen habe. Eins aber sage ich: Ich vergesse, was dahinten ist, und strecke mich aus nach dem, was da vorne ist, und jage nach dem vorgesteckten Ziel, dem Siegespreis der himmlischen Berufung Gottes in Christus Jesus.

Leben ist ein Problem der Prioritäten. Jeder Tag steckt voller Entscheidungen. Paulus erklärte alles als unnützen Kram im Vergleich zu der Erkenntnis des Herrn Jesu. Er wollte zu Beginn gar kein Christ sein, schon gar kein Apostel; doch Gott nahm sich seines Lebens an, weil er ihn liebte und heilig machen wollte wie Jesus. Sein Amt war das eines Apostels, der Gottes Reich verbreitet und nicht die Kirche verfolgt.

Paulus wußte, daß Gott sich seines Lebens zu einem bestimmten Zweck angenommen hatte, und er wollte **ihm nachjagen, ob ich's wohl ergreifen könnte, weil ich von Christus Jesus ergriffen bin** *(Phil 3,12)*. Dadurch lernte er, seinen Blick geradeaus zu richten auf das, was vor ihm lag. Er strebte immer nach dem Nächsten, das Gott in seinem Leben verändern wollte, oder nach der nächsten Aufgabe, in die Gott ihn rief.

Wir täten alle gut daran, Paulus' Rat zu folgen. Vor dir liegt eine noch größere Offenbarung der Liebe Gottes, als du bisher erfahren hast. Es werden noch mehr Herausforderungen an deinen Glauben gestellt werden, die dein Vertrauen in Jesus stärken. Vor dir liegt ein Leben, das Gott immer mehr verändern und auch beschneiden wird, aber dadurch wirst du mehr Frucht bringen und seine Heiligkeit und Herrlichkeit noch besser widerspiegeln.

Ja, es wird Schwierigkeiten und Enttäuschungen, vielleicht auch Versagen geben, wenn du auf dich selbst vertraust, aber du wirst auch Segen und Sieg ernten. Gott in seiner Güte wird dich durch jede Situation tragen. Und jedesmal wirst du wie Paulus dem Ziel ein Stück näherkommen. **Ich jage nach dem vorgesteckten Ziel, dem Siegespreis der himmlischen Berufung Gottes in Christus Jesus** *(Phil 3,14)*.

Denk daran, **wir wissen aber, daß denen, die Gott lieben, alle Dinge zum Besten dienen, denen, die nach seinem Ratschluß berufen sind. Denn die er ausersehen hat, die hat er auch vorherbestimmt, daß sie gleich sein sollten dem Bild seines Sohnes, damit dieser der Erstgeborene sei unter vielen Brüdern** *(Röm 8,28-29)*. Wie tröstlich ist es zu wissen, daß du nach seinem Ratschluß berufen bist und daß er dir zusichert, seinen Plan für dein Leben zu erfüllen. Tag für Tag kannst du mit ihm daran arbeiten und dich freuen, daß du sein Eigentum bist.

Deine Liebe zu ihm weckt in dir den Wunsch, anderen von ihm zu erzählen, für die zu beten, die ihn nicht kennen: die Verlorenen, die Verzweifelten, die Einsamen und Niedergedrückten. Du wirst das Bedürfnis kennenlernen, für das Aufleben der Kirche zu beten, damit das Leben, die Liebe und die Macht Jesu der ganzen Welt durch sein Volk offenbart würden; du wirst auch die Sehnsucht danach kennenlernen, daß eine große geistliche Erweckung stattfindet und viele Menschen in Gottes Reich gebracht werden.

Wir leben nicht für uns selbst, sondern für sein Reich, dafür, daß es auf Erden ausgebreitet werde, und daß sein Wille hier wie im Himmel geschehe. Wir leben, um ihn andern bekannt zu machen, damit Menschen vom Tod gerettet werden und zu der Erkenntnis Jesu und in sein Reich gelangen, um das Geschenk des ewigen Lebens zu empfangen. Wir leben, um den König zu verherrlichen und dem Lob und Ehre zu geben, der es allein verdient.

Und wir sehnen die Zeit herbei, wenn der König in Herrlichkeit wiederkommen wird, um die zu rufen, die zu ihm gehören!

MEDITATION:

Halleluja! Denn der Herr, unser Gott, der Allmächtige, hat das Reich eingenommen! *(Off 19,6)*

Und wen dürstet, der komme; und wer da will, der nehme das Wasser des Lebens umsonst. *(Off 22,17)*

Amen, ja, komm, Herr Jesus! *(Off 22,20)*

LOB:

Der Herr Zebaoth ist mit uns, der Gott Jakobs ist unser Schutz. *(Ps 46,8)*

Im Verlag Zapf & Hofmann sind außerdem folgende Bücher erschienen:

Colin Urquhart *Mein Vater der Weingärtner*, Pb. 197 S., 10,- DM
Roman über ein Ehepaar, das mit seiner Gemeinde eine persönliche geistliche Erneuerung erlebt.

Colin Urquhart *Wo Gottes Geist weht*, Pb. 144 S., 16,80 DM
Ein autobiographischer Bericht, in dem der Autor den geistlichen Aufbruch in seiner Gemeinde in Luton beschriebt.

Bob Gordon *Den Absprung wagen*, Tb. 64 S., 3,- DM
10 Kapitel Einführung in den christlichen Glauben. Gut für Gruppen geeignet.

Colin Urquhart *Und der Apfel lockt noch immer - Allein die Wahrheit macht frei*, Pb. 200 S., 24,80 DM
Das Seelsorgebuch von Colin Urquhart.

George Carey *Kirche auf dem Markt*, Pb. 146 S., 10,- DM
Ein spannender autobiographischer Bericht des derzeitigen Erzbischofs von Canterbury über eine Kirchenrenovierung bei der nicht nur das Äußere erneuert wird.

Roberts Liardon *Trau dich nein zu sagen*, Tb. 56 S., 7,80 DM
Eine Herausforderung dazu, ein wichtiges Wort zu lernen.

Derek Copley *Geschaffen zur Freiheit*, Pb. 140 S., 5,- DM
Ein Plädoyer gegen geistliche Engstirnigkeit und für biblische Weite. Wie geschaffen für unsere Zeit.

Derek Copley *Geschaffen zur Verantwortung*, Pb. 156 S., 5,- DM
Für Christen, die Leitungsaufgaben zu erfüllen und Menschen zu motivieren haben.

Colin Urquhart *Du bist gesegnet*, Pb. 46 S., 7,80 DM
Für Menschen, die vergessen haben, wer sie in Gottes Augen sind.

Colin Urquhart *Die Kraft des Glauben*, Pb. 48 S., 7,80 DM
Ohne Glauben geschieht nichts, mit ihm werden Berge versetzt.

Colin Urquhart *Bereit für Neues?*, Pb. 39 S., 7,80 DM
Der Weg zur Erweckung hat auch etwas mit Leidensbereitschaft und Gehorsam zu tun.

Colin Urquhart, *Gott hören!*, Pb. 240 S., 24,80 DM
Ein Buch, das dazu helfen will, die Worte der Bibel so aufzuschließen, daß sie Worte an uns persönlich werden.

Christopher Alam *Durch Blut und Feuer - Ein Moslem wird Christ*, Pb. 120 S., 12,80 DM
Als Mitglied einer der führenden Familien Pakistans wird Christopher Alam Christ und erlebt danach die härteste Zeit seines Lebens.

David Watson *Deine Hand hält mich*, Pb. 180 S., 19,80 DM
Watson beschreibt in diesem Buch das letzte Jahr seines Lebens, das gezeichnet ist von seinen Kampf gegen den Krebs aber auch von der tragenden Liebe Gottes.

Kleine Bibliothek des Glauben
Für alle, die knappe und präzise Informationen über Grundthemen des Glaubens suchen.

Ed Roebert *Gerecht aus Glauben*, Tb. 54 S., 6,80 DM
Bob Gordon *Mit Christus gekreuzigt*, Tb. 94 S., 9,80 DM
Bob Gordon *Lebendig durch den Geist*, Tb. 67 S., 7,80 DM
Graham Dow *Durch Jesus befreit*, Tb. 45 S., 6,80 DM
Joyce Huggett *Du erhörst mein Gebet*, Tb. 48 S., 7,80 DM
Robert Weston *Gemeinsames Gebet*, Tb. 48 S., 7,80 DM
Colin Urquhart *Wege aus dem Selbstbetrug*, Tb. 56 S., 8,80 DM
John Edwards *In neuen Zungen reden*, Tb. 48 S., 8,80 DM
Johannes Facius *In die Bresche treten - Von der Kraft der Fürbitte*, Tb. 64 S., 8,80 DM
Bruce Reekie *Ich will dich leiten - Gottes Willen erkennen*, Tb. 64 S., 8,80 DM
Ross Paterson *Gesandt zu den Völkern, Anleitung zur Mission*, Tb. 56 S., 8,80 DM

Sie erhalten die Bücher über Ihre Buchhandlung oder direkt beim Verlag:
Zapf & Hofmann, Königsberger Str. 7a, 66849 Landstuhl